打開天窗 敢說亮話

WEALTH

天窗出版

真相

樓市

傳媒政府不告訴你的事

PP 著

目

錄

所謂「大隱隱於市」，近年很多博客及網友評估樓市其實亦都比不少傳媒訪問的評論員水平更佳，其中表表者就是人們笑稱「三傻」的幾位朋友了，在我之前為面包台主持的「大樓市小智慧」節目裡面，我已邀請了「三傻」中的兩位法子及亮劍出來和觀眾見面，但是另一個令人懷念的PP卻是一個謎，不單只他不願意上鏡露面，而且亦隨著近年WhatsApp群組的興起，令到他少了在公眾的網站上發言，大隱從此真正隱於市了！

PP多年前已經成功推演到近年的市場變化，成為市場傳奇的一頁！

很欣賞PP的為人，雖然他表面「寸寸貢」！但是其實他對維護真理是充滿正義感的，對數據的真相十分堅持，這一點和我有共通之處，我們的友誼是「識英雄重英雄」！PP不單只解讀數據方面值得大家學習，他後來淡出了討論網站之後，更實踐了一個「紙磚頭」投資策略，亦相當成功，而他對解讀上市公司的年報亦有一套功夫！無論投資新手或者老將，他的概念和理據也是十分豐富及具參考價值，我高度推薦各位看這本書！

汪敦敬（祥益地產總裁）

多年來，香港樓價高企一直是市民大眾、政府、政黨、傳媒等最關心的問題。在樓市問題的討論上，不同的持份者無可避免地會有不同的既定立場，甚至主觀願望。譬如，後生仔或者準上車客希望樓價可以平一點，以便較易上車；業主當然想樓價、租金升多點，希望資產升值賺多點；至於政府，當然希望樓價升慢點、甚至回調，以減輕其政治壓力。據我觀察，傳媒對樓市大升市的評論普遍是以「不合理地貴」、「就快爆煲啦」、「危險水平」等去形容。

在樓市的問題上，各有各的說法及既定立場，議論紛紛。無論如何，樓價無懼政府辣招打壓一路持續攀升。筆者認為，如果要理解及準確分析樓市，一定要摒棄自身的既定立場或者主觀願望，才能客觀地及理性地去分析樓市的基本因素，並搜集數據作憑證。自香港回歸以來，政府各大部門已經將許多關於香港經濟及樓市的統計數據放上網，供大眾查閱，只要肯花時間搜集及整理資料，要掌握目前樓市的狀況及發展，其實並不困難。而本書的數據主要來自金管局、香港按揭證券有限公司、稅務局、統計署、差餉物業估價署、屋宇署、運房局、土地註

冊署，以及中原地產網頁內的一些統計數據等。

本書主要目的是希望向讀者闡述目前支持樓市上升的基本因素，並利用政府統計數據對這些基本因素進行客觀及多角度的分析，從而使讀者能了解目前真正影響樓市的基本因素。本書會集中分析以下影響樓市的基本因素：

1. 香港經濟及樓市的整體借貸情況；

2. 香港居民目前的收入狀況、業主的供樓負擔比率情況；

3. 住宅供應數量及目前短缺的狀況，以及不同大小單位的價格及租金變化；

4. 辣招如何影響樓市；

5. 香港利率情況及去向，以及租金回報率等分析。

為何要了解上述幾項基本因素？

第一，1997-2003年樓市大跌的主要原因是過度借貸，其實八萬五並非主因，極其量只是對樓市「踩多腳」。當年，炒樓容易賺快錢，人人差不多認為是實賺，不少人於是利用超高槓桿借貸進行物業投機炒賣。當亞洲金融風暴殺到香港，出現大規模資金外流，拆息急升，資產價格大跌，由於當時整體樓市過度

借貸，基本上業主、投資者等沒甚麼水位（Buffer）去防守及應付資產價格下跌，大家於是爭相沽售資產以盡快償還貸款，以致物業資產價格急跌。當資產價格急跌後，又會觸發另一波抵押物業出現資不抵債的情況，業主或借貸人等被銀行Call Loans，當借貸人沒錢向銀行補差價時，又被逼賤價出售物業，而當時物業沽售過程有點似「人踩人」般，形成一個資產價格持續下跌的漩渦。因此筆者認為，要知道今天樓市的狀況，第一件事就是要知道今天整體香港經濟及樓市有沒有出現過度借貸的情況。

第二，傳媒報章等經常話人工收入無增長，樓價好貴，供樓負擔好吃力。但是，香港市民或者業主的實際收入情況究竟是怎樣呢？這倒是一個十分值得研究的課題。筆者認為，市民的收入狀況對樓市能否健康發展有直接及關鍵的影響。第一，市民收入高低水平會影響供樓負擔比率。若然，業主在目前低息環境下仍要用6至7成收入去供樓的話，那麼目前樓市可能是處於一個頗為危險的水平。相反，如果業主供樓負擔水平合理且其收入有溫和增長，那麼樓市應該可以維持健康的發展。另一方面，如果中、高收入人士及家庭收入增長不錯，買樓自住及收租投資應有不俗的需求。

第三，租金及樓價持續上升主因與供不應求有關。究竟目前供不應求有幾嚴峻呢？筆者認為，空置率是反映房屋供應、自住剛性需求合成後的結果，空置率高低可反映供過於求，還是供

不應求,樓市供求情況可以通過分析歷年空置率變化而得知。此外,住宅供不應求的情況,只能用一個辦法去解決,就是增加供應。筆者會通過分析過去上蓋施工量及政府公佈過去每季賣地計劃的可建屋量,嘗試去預測未來住宅供應情況。

第四,樓價大升,政府多年來推出多項辣招、甚至為原有辣招再加辣,目的是嘗試去遏抑樓價,這些措施包括額外印花稅(SSD)、買家印花稅(BSD)、雙倍印花稅(DSD)、15%新住宅印花稅(但首置或換樓人士可豁免)及七輪按揭收緊措施等等。在稍後部份,筆者會簡述這些辣招對樓市的影響。

第五,美國自2015年底把聯邦基金目標利率由0-0.25%起,調升至2018年底最高的2.25-2.5%。在這3年內,美國合共加息2.25厘,但港元利率升幅好像完全追不上美元利率,筆者會在之後向讀者解釋到底有甚麼原因導致港元利率升幅追不上美元。此外,樓價持續大幅上升,但租金升幅追不上樓價升幅,以致住宅租金回報率持續下跌,再加上港元利率上升(儘管追不上美元利率升幅),導致租金回報率減按揭利率之利差逐漸收窄,筆者會嘗試解釋當中原因。

第六,筆者會總結上述這些因素,然後嘗試向不同讀者(準上車客、業主等)提供一些建議作參考。

最後,筆者其實只是一個從事非地產行業的會計從業員及打工仔,為何會業餘做這麼多數據分析去了解樓市?其實在2010年

末，筆者被當時只認識了1個月的女朋友（今日的太太）逼去買樓，她不停說個市係咁升，非買不可。結果，筆者在女友不停的催逼下用實呎約1萬元買入一個港島東400餘呎兩房單位，以當時呎價計應該是1997年後的新高。雖然筆者都有些儲蓄，但作為一個初哥，當時用一個1997年後的新高價接貨，事後當然都好驚。於是，筆者開始參閱很多不同作者的樓市分析文章。可能因為篇幅所限，這些文章的論點並不全面及完整，而且沒有數據支持其論點，很多時候這些作者的文章甚至夾雜很多主觀願望及負面情緒，這根本無助了解樓市真相。因此，筆者決定根據一些「有用」的論點，自行搜集及整理政府關於樓市的數據，然後自己去證實這些論點。當看完這些數據後，發現樓市的大牛市其實只是剛剛開始，於是筆者便與太太一起開始物業投資。筆者亦有在一些網上討論區分享一些數據及發現，同時亦在網上認識到一些志同道合的朋友，交換各項投資心得（包括物業、私人銀行平台投資股票、債券、REITs等等）。話說回頭，筆者今天十分感謝太太，如果她當日沒有催逼我買樓，我估我可能未必會買樓，起碼太太當日的催逼使到我及家人可以於今次樓市「升災」下自保。

第 一 章

業主「借大咗」？
真相是⋯⋯

1.1

如何判斷
樓市泡沫？

多年來，本港樓價升幅甚巨，截至2018年12月末，中原城市領先指數（CCL）報約175點，相對於2003年5月末約33點，升幅約4.3倍；就算以金融海嘯期間2008年12月末CCL約57點起計，CCL亦有約2.07倍的升幅。很多人埋怨香港樓價過去升幅過大，嚴重超出應有的合理水平，於是他們認為現時樓市好危險，甚至出現泡沫。但是，在不理會其他影響樓市的基本因素下，只單憑過去樓價升幅大，又是否足夠去認定樓市是有泡沫、有危險呢？

要決定香港樓市目前有沒有泡沫，筆者認為，可以分析以下幾種情況有否出現：

究竟住宅有沒有真實需求？

住宅的實際用途是讓人們居住。如果某一個地區的住宅數量供應過多，遠超當地人口實際需求，處於明顯供過於求的狀況，但市場上的買家純粹因為一些預期升值的概念（例如，奧運或起賭場等原因），而將樓價熱炒到上天。在這種情況下，讀者會否

認為這地方的樓價基礎是實在及扎實呢？

要知道住宅物業有否真實的居住需求，筆者認為，可以參考住宅物業空置率及其趨勢變化。某程度上，空置率是反映房屋供應、自住剛性需求合成後的結果。如果需求大（小）、供應少（多），空置率會跌（升）。而關於空置率的分析，筆者會於第三章內向讀者詳細解釋。

住宅價格是否嚴重超出業主負擔水平？

經濟突然轉差或會影響業主就業情況及收入水平，若業主收入對供款比率變得十分緊張，延遲償還按揭供款及斷供的個案將大幅上升，銀行收樓及拍賣銀主盤數量隨之而上升，樓價便有很大的下調壓力，這正正是香港1997-2003年期間面對的狀況。

相反，如果供樓負擔比率合理，且香港人收入增長及就業情況理想，樓市就能健康發展。關於香港業主的供樓負擔比率及收入狀況，筆者將在第二章內向讀者詳細分析。

業主有否過度借貸？

由於物業買賣涉及金額較大，絕大多數交易須透過借貸進行，因此，筆者認為要決定樓市是否處於危險水平，最重要的因素是市場參與者買賣及持有物業時有否過度借貸。

正如自序所述，樓價在1997-2003年的期間大跌6-7成，主要原因就是過度借貸。在香港回歸前，炒樓容易賺快錢，人人差不多認為是實賺，不少人於是利用超高槓桿借貸進行物業投機炒賣。當亞洲金融風暴殺到香港，出現大規模資金外流，拆息急升，資產價格大跌，由於當時整體樓市過度借貸，基本上業主、投資者等沒有太多水位（Buffer）去防守及應付資產價格下

跌，大家於是爭相沽售資產以盡快償還貸款，以致物業資產價格急跌。當資產價格急跌後，又會觸發另一波抵押物業出現資不抵債的情況，業主或借貸人等被銀行Call Loans，當借貸人沒錢向銀行補差價時，又被迫賤價出售物業，而當時物業沽售過程有點似「人踩人」般，形成一個資產價格持續下跌的漩渦。

因此筆者認為，要知道今天樓市的狀況，第一件事就是要知道目前整體香港經濟及樓市有沒有出現過度借貸的情況。而第一章將會從多個不同的角度，集中分析整體香港經濟及樓市的借貸情況。筆者認為要知道目前樓市的借貸及槓桿水平，基本上是沒可能單靠一個數字就可以完全概括全面狀況，必須要從多個不同角度去分析，這樣才可以更準確及更全面的去分析樓市目前的借貸狀況。

1.2

從「借大咗」
到減債增存款

正如前文所述，1997年樓市泡沫爆破的主要原因是「借大咗」。
究竟當時整體香港經濟「借大咗」的情況有幾嚴重呢？筆者認
為，可以參考1997年至今銀行體系內存款及貸款的數字及其趨
勢變化。

從圖表 1.1-1.3 所見，截至 1997 年 12 月，銀行體系內的貸款金額約 41,210 億元，但只有約 26,660 億元存款，貸存比率（總貸款／總存款比率）為 154.6%，銀行總貸款超過總存款約 14,550 億元，處於淨貸款的水平。當時 1997 年的本地生產總值（GDP）只有約 13,730 億元，即是說，當年整個香港「借大咗」的部份差不多約 1997 年全年 GDP 的 106%。

「借大咗」必須要還

隨著 1997 年亞洲金融風暴來襲及樓市泡沫爆破，樓市或經濟「借大咗」的情況是必須要償還的，基本上是無得「走數」。當一個經濟體系出現泡沫爆破，基本上市場需求、就業機會、經濟信心及商業景氣等一定會轉差及疲弱，在這個時候，業主很難通過增加收入去減債。但「借落咗」的欠款仍是要償還的，當無法開源時，也只能靠節流去減債。在這個時候，企業只能減少開支及新投資，盡量靠慳錢去減債，當然企業最快及最明顯減省開支的方法不外乎是裁員。對打工仔而言，面對就業機會減少，失業率上升，甚至減人工，也只能通過減少消費去減債。

根據圖表 1.1 及圖表 1.2，自 1997 年樓市泡沫爆破後，總存款逐漸上升且總貸款下降，而淨貸款及貸存比率自 1997 年年末起也開始漸漸降低，證明香港整個經濟開始減債，當去到 1999 年年中時，總存款金額已經相等於總貸款，去到零淨貸款的水平，之

後慢慢開始錄得淨存款。另一方面，根據圖表1.3（欄D），1997至2003年香港GDP持續下跌，由1997年約13,730億元下跌至2003年約12,570億元，引證當時經濟不景氣，收入持續下跌，但卻只能透過持續減開支、減消費及減投資去減債。

美國貨幣政策不會考慮香港狀況

香港一直以來行聯繫匯率制度，以致香港沒有自身的金融貨幣政策，香港只能跟隨美國貨幣政策而行，而美國貨幣政策並不會考慮香港疲弱的經濟狀況，有時候會出現香港經濟弱但美國持續加息及收水的情況，這樣無可避免地影響香港的經濟復蘇。例如，自1998年11月中至1999年6月，美國聯邦基金目標利率為4.75%，其後因科網股熾熱而陸續調升至2000年5月中的6.50%。

圖表1.1 認可機構存款及貸款總額（1997年12月至2018年12月）

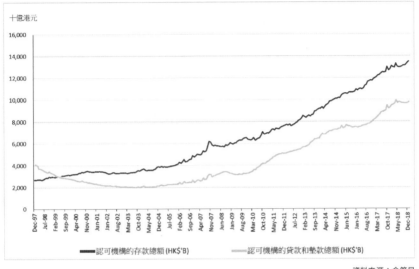

十億港元

認可機構的存款總額 (HK$'B) ———— 認可機構的貸款和墊款總額 (HK$'B)

資料來源：金管局

圖表 1.2 認可機構貸存比率及淨存款（貸款）總額
（1997年12月至 2018年12月）

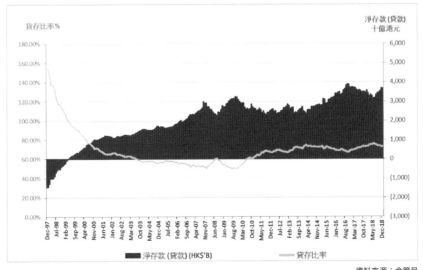

貸存比率% ———— 淨存款 (貸款)
十億港元

淨存款 (貸款) (HK$'B) ———— 貸存比率

資料來源：金管局

圖表 1.3 認可機構存款、貸款、淨存款（貸款）總額、香港本地生總值及認可機構貸存比率（1997 年 12 月至 2018 年 12 月）

	認可機構的存款總額 （十億港元） A	認可機構的貸款和墊款總額 （十億港元） B	淨存款（貸款） （十億港元） C=A-B	香港本地生產總值 （十億港元） D	淨存款(貸款)佔GDP 的倍數 E=C/D	貸存比率 F=B/A
Dec-97	2,666	4,121	-1,455	1,373	-105.97%	154.58%
Dec-98	2,955	3,306	-351	1,308	-26.83%	111.88%
Dec-99	3,117	2,814	303	1,286	23.56%	90.28%
Dec-00	3,482	2,463	1,019	1,338	76.16%	70.74%
Dec-01	3,357	2,186	1,171	1,321	88,64%	65.12%
Dec-02	3,318	2,077	1,241	1,297	95.68%	62.60%
Dec-03	3,566	2,035	1,531	1,257	121.80%	57.07%
Dec-04	3,866	2,156	1,710	1,317	129.84%	55.77%
Dec-05	4,068	2,313	1,755	1,412	124.29%	56.86%
Dec-06	4,766	2,468	2,298	1,503	152.89%	51.78%
Dec-07	5,869	2,962	2,907	1,651	176.08%	50.47%
Dec-08	6,060	3,284	2,776	1,707	162.62%	54.19%
Dec-09	6,381	3,289	3,092	1,659	186.38%	51.54%
Dec-10	6,862	4,227	2,635	1,776	148.37%	61.60%
Dec-11	7,591	5,081	2,510	1,934	129.78%	66.93%
Dec-12	8,297	5,569	2,728	2,037	133.92%	67.12%
Dec-13	9,178	6,457	2,721	2,138	127.27%	70.35%
Dec-14	10,074	7,276	2,798	2,260	123.81%	72.23%
Dec-15	10,745	7,535	3,210	2,398	133.86%	70.13%
Dec-16	11,727	8,023	3,704	2,491	148.70%	68.41%
Dec-17	12,753	9,314	3,439	2,663	129.14%	73.03%
Dec-18	13,386	9,723	3,663	2,845	128.75%	72.64%

欄 A 及 B 節錄自金管局貨幣統計數字。
欄 D 以當時市價計算的香港本地生產總值，節錄自香港統計署。

1997後持續減債增存款

自1997年因「借大咗」而導致樓市泡沫爆破，香港人就開始持續減債，至1999年中，已達到淨貸款等於零的水平，銀行貸存比率亦由1997年12月末154.58%的高位持續下跌。期後，減債及增存款（儲蓄）的步伐亦沒有因此而停止。根據圖表1.2顯示，自1999年中起，淨存款開始漸漸累積且不斷增加。由1997年樓市泡沫爆滿後，經過10年時間，已由1997年12月末淨貸款約14,550億元扭轉至2007年12月末淨存款約29,070億元，銀行貸存比率由1997年末的154.58%下跌至2007年末的50.47%，而2007年12月末淨存款約29,070億元更相當於2007年全年GDP的176.08%。這10年期間銀行貸存比率及淨存款的變化，正正反映當經歷過1997年樓市泡沫爆破後香港經濟（不論個人及企業）對借貸方面由從前的非常進取及大膽變至非常小心及謹慎，以及還保留豐厚的儲蓄作應急儲備。

2007-2008年，美國因為樓市泡沫爆破及次按危機引發全球金融海嘯，香港無可避免地受到波及。今天回望當年金融海嘯，很多人認為香港能夠順利過渡，主要是有賴於歐美日中等國大力印銀紙、減息、推行多項財政政策刺激措施。不過，除了上述外來措施外，筆者更認為香港能順利過渡金融海嘯的主要原因是這次擁有豐厚的儲蓄去抵禦外來衝擊。

淨存款相當於全年GDP約1.2-1.8倍

在次按金融海嘯危機過後，香港銀行淨存款金額持續上升（根據圖表1.2），由2007年12月末的29,070億元升至2018年12月末的36,630億元，但同時銀行貸存比率由2007年12月末的50.47%升至2018年12月末的72.64%。儘管這段期間整體銀行貸款增長速度高於存款，但筆者認為香港的借貸水平仍不算高，最起碼2018年12月末的淨存款仍相當於當年GDP的約130%。

此外，根據圖表1.3，這個淨存款相當於全年GDP約1.2-1.8倍的狀態，其實早在2004年起經已存在，且淨儲蓄金額期後更不斷拉闊，而這個淨存款情況並非在2008年美國進行量化寬鬆後才出現。

豐厚淨存款的啟示

香港擁有豐厚的淨存款到底對樓市有何啟示？

從圖表1.1-1.3的數字反映，在1997年或之前，市場以過度借貸及超高槓桿去進行物業買賣，經過1997年亞洲金融風暴及泡沫爆破，然後1998-2003年市場因「借大咗」而須要通過減消費、減投資及減開支去還債，直至清還過度借貸的部份，去到

今天香港擁有豐厚的淨存款及儲備。借貸少且具豐厚儲備，對樓市而言有極大支持作用。第一，當借貸低，業主於跌市時有能力繼續持貨及防守，毋須像1997-2003年般，業主被迫急急劈價沽貨以盡快清還過高的負債。此外，目前香港有豐厚的淨存款，有很大可舉債的空間去增加投資。

家庭負債佔GDP比率

如果讀者有留意財經新聞，金管局經常會公佈現在香港家庭負債佔GDP比率這個數字，而這個家庭負債合計包括住宅按揭、信用卡墊款及其他私人貸款。

截至2018年第二季，香港家庭負債佔GDP比率已經升至約71.9%（圖表1.4），在1997-2003年樓市大跌期間，2002年到達最高水平約59%（圖表1.5），而1997年卻只是約48%（圖表1.5）。表面上看，若對比1997及2002年，今天這個家庭負債佔GDP比率約71.9%看似十分恐怖，但是，筆者認為金管局這個所謂的家庭負債佔GDP的比率完全忽略了今天存款與貸款之間的差距。今天香港人擁有足夠的儲蓄，因此就算今天比以前增加了借貸，讀者倒要想想「借多咗」是否就等於「借大咗」。

圖表 1.4 家庭負債佔本地生產總值的比率及其組成部份 （2000年至2018年）

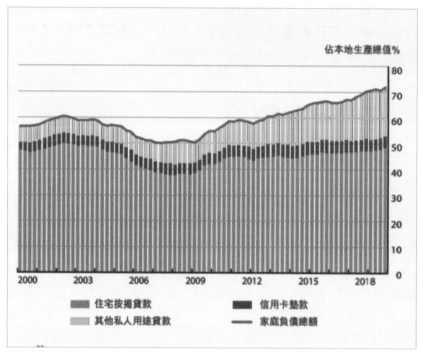

節錄自金管局貨幣與金融穩定情況半年度報告（2019年3月）

26

圖表 1.5 香港家庭負債情況（1996 年至 2012 年）

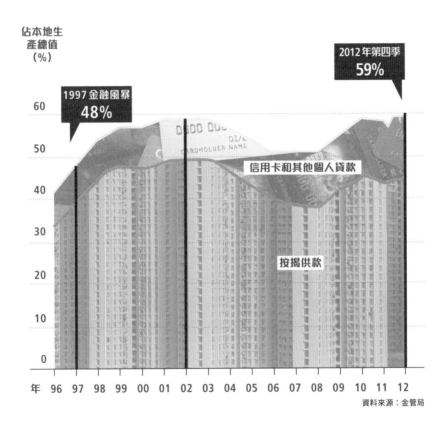

佔本地生
產總值
（％）

2012 年第四季
59%

1997 金融風暴
48%

信用卡和其他個人貸款

按揭供款

60
50
40
30
20
10
0

年　96　97　98　99　00　01　02　03　04　05　06　07　08　09　10　11　12

資料來源：金管局

儘管1997年這個所謂家庭債務佔GDP只是約48%（圖表1.5），但截至1997年12月總存款只有約26,660億元，而總貸款卻有41,210億元，淨貸款約14,550億元，當年GDP約13,730億元，1997年淨貸款相等於當年GDP的106%。但截至2018年12月末，總存款有133,860億元，總貸款97,230億元，2018年末淨存款約36,630億元，相當於2018年全年GDP約1.3倍。若考慮今日擁有的豐厚存款及存貸之間的差異後（圖表1.3），這個今天所謂什麼家庭債務佔GDP 約71.9%的說法是否已變得毫無意義。

銀行貸存比率（香港 vs 新加坡）

很多人經常喜歡將新加坡和香港比較，例如人均居住面積等。而筆者今次都嘗試將香港貸存比率與新加坡比較。結果發現，新加坡2018年1-6月貸存比率大約介乎100-105%（圖表1.6），而香港貸存比率則約72-76%（圖表1.2）。

圖表1.6 新加坡銀行業的貸存比率

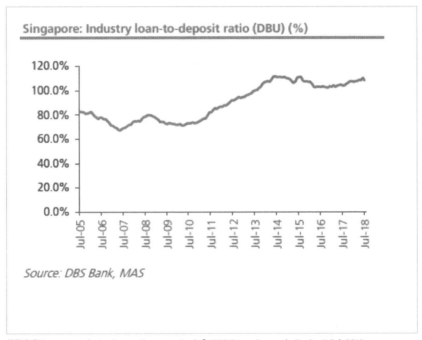

節錄自 "Singapore Industry Focus: Singapore Banks", DBS Group Research. Equity, 1 Feb 2019

1.3

從貸款結構
看「借大咗」風險

根據筆者前文所述，自1997年亞洲金融風暴引發香港樓市泡沫爆破後，香港持續減債。由於經歷過「借大咗」的危機，香港人普遍對借貸變得非常審慎，且增加儲蓄，以致銀行總存款大於總貸款的差距逐漸拉闊，截至2018年12月末，香港銀行淨存款差不多達到當年GDP的1.3倍，當然這是一個很好的趨勢，這很大程度反映香港沙士後的經濟繁榮及增長並非由過度借貸所致，且有豐厚的儲蓄。

本地貸款比例下跌

不過，本部份筆者想深入討論銀行總貸款的組成部份，金管局貨幣統計數字有將銀行總貸款分為不同用途類別。大致上可以分為「在香港使用之貸款」及「在香港境外使用的貸款」，詳細分類及各項貸款用途佔整體貸款之比重，讀者可自行參閱圖表1.7-1.8。

根據圖表1.7及1.8，由2003年12月時，用於香港境內的貸款佔整體貸款約88.9%，但是，去到2018年12月用於香港境內的貸款佔整體貸款的比率下跌至70.6%，而用於境外的貸款由2003年12月的11.1%升至2018年的29.4%。反映香港本地經濟持續強勁增長的同時（根據圖表1.3，2003年全年香港本地生產總值約12,570億元，2018年則約28,450億元），用於本地的貸款比例卻由2003年約9成下跌至2018年約7成，反映本地經濟增長並非由過度借貸所驅動。而導致用於本地的貸款之比例下跌的主要原因如下：

個人購買住宅物業按揭貸款的比重由2003年末的30.3%，一直

下跌至2018年末的14.1%，相關貸款比重的跌幅超過53%，但值得注意的地方是這15年內CCL升幅卻超過370%（由2003年末的37.07點升至2018年末的174.49點），期間香港樓價大幅上升，住宅按揭貸款佔整體貸款的比重卻大跌，反映該期間的樓價並非由過度借貸所驅動。

用於建造業及物業發展與投資的貸款比重由2003年末的17.7%，上升至2008年末的20.9%，然後持續下跌至2018年末的15.9%。

「借大咗」風險非常低

從2003年末至2018年末，香港樓價雖大幅上升，但從Demand Side及Supply Side的角度去看，似乎並沒有過度借貸的問題出現。用於香港本地的貸款比重持續下跌（包括住宅按揭、物業發展及投資等），再加上銀行總存款大於總貸款，淨存款相當於香港GDP約1.3倍，以及政府擁有豐厚財政儲備，香港整體「借大咗」的風險其實非常低。

圖表 1.7 銀行不同貸款用途的比重（2003 年至 2010 年）

	Dec-03	Dec-04	Dec-05	Dec-06	Dec-07	Dec-08	Dec-09	Dec-10
貿易融資	4.9%	6.0%	6.1%	6.2%	6.2%	5.7%	5.3%	6.5%
製造業	4.1%	4.6%	5.2%	4.2%	4.1%	4.5%	4.1%	4.0%
運輸及運輸設備	5.2%	5.6%	5.3%	5.0%	4.9%	4.7%	4.6%	4.0%
建造業及物業發展與投資	17.7%	17.9%	19.5%	19.9%	19.5%	20.9%	20.8%	20.0%
批發及零售業	4.6%	4.6%	4.4%	4.3%	3.9%	4.6%	4.7%	5.6%
與財務及金融有關公司 (不包括銀行同業借款)	7.2%	7.8%	7.7%	7.5%	8.5%	8.6%	5.9%	5.8%
證券經紀	0.5%	0.5%	0.3%	0.3%	0.6%	0.3%	0.4%	0.4%
個人 - 購買住宅物業	30.3%	28.3%	26.2%	24.1%	21.0%	19.8%	21.2%	18.8%
個人 - 其他用途	6.7%	6.9%	7.3%	7.4%	7.5%	6.9%	6.7%	6.1%
其他	7.6%	6.9%	7.6%	7.3%	6.8%	6.5%	7.7%	7.2%
在香港使用之貸款	88.9%	89.2%	89.6%	86.2%	83.0%	82.5%	81.3%	78.5%
在香港境外使用的貸款	11.1%	10.8%	10.4%	13.8%	17.0%	17.5%	18.7%	21.5%
認可機構的貸款和墊款總額	100.0%	100.0%	100.0%	100.0%	100.0%	100.0%	100.0%	100.0%
CCL-Overall	37.07	49.78	52.93	53.04	66.98	56.78	73.23	88.40

資料來源：金管局

圖表1.8 銀行不同貸款用途的比重（2011年至2018年）

	Dec-11	Dec-12	Dec-13	Dec-14	Dec-15	Dec-16	Dec-17	Dec-18
貿易融資	6.8%	6.0%	8.5%	7.5%	6.0%	5.7%	5.3%	4.7%
製造業	3.8%	4.6%	3.4%	3.7%	3.2%	3.1%	3.1%	3.3%
運輸及運輸設備	3.8%	5.6%	3.8%	3.6%	3.7%	3.7%	3.7%	3.5%
建造業及物業發展與投資	18.0%	17.9%	15.4%	14.6%	15.1%	15.7%	15.8%	15.9%
批發及零售業	6.2%	4.6%	6.5%	6.5%	5.9%	5.1%	4.4%	4.2%
與財務及金融有關公司（不包括銀行同業借款）	5.4%	7.8%	5.1%	5.4%	6.0%	6.8%	8.8%	9.0%
證券經紀	0.4%	0.5%	0.5%	0.7%	0.7%	0.8%	0.9%	0.7%
個人 - 購買住宅物業	16.7%	28.3%	14.7%	14.2%	14.9%	14.5%	13.5%	14.1%
個人 - 其他用途	5.8%	6.9%	6.0%	6.2%	6.5%	6.5%	6.6%	7.0%
其他	6.3%	6.9%	6.3%	7.5%	7.7%	8.4%	7.7%	8.3%
在香港使用之貸款	73.2%	89.2%	70.1%	69.7%	69.7%	70.3%	69.9%	70.6%
在香港境外使用的貸款	26.8%	10.8%	29.9%	30.3%	30.3%	29.7%	30.1%	29.4%
認可機構的貸款和墊款總額	100.0%	100.0%	100.0%	100.0%	100.0%	100.0%	100.0%	100.0%
CCL-Overall	96.68	115.78	119.07	132.45	135.89	144.72	165.02	174.49

資料來源：金管局

境外使用貸款上升

至於為何在香港境外使用的貸款的比重由2003年末的11.1%，大幅上升至2018年末的29.4%，主要原因同人民幣升值及國內企業大幅增加在港借貸有關。自2005年人民幣進行匯改，人民幣匯率大幅升值。對內地企業而言，收入及利潤主要是人民幣為主，如果他們借外幣貸款，當人民幣升值的時候，這些外幣貸款兌成人民幣時便會貶值，在財務賬上可產生匯兌收益（因為貸款貶值），而且港元及美元貸款息率低於人民幣。因此，內地企業在這十多年間大幅增加在香港的借貸，以致在香港境外使用的貸款比重這十多年間大幅上升。

1.4

住宅按揭比率的
趨勢及分析

如果要解釋住宅按揭比率的定義，筆者認為最好參照其英文名，即Loan-to-Value Ratio(以下簡稱 "LTV%")。顧名思義，LTV%即是：

住宅按揭比率(LTV%) =住宅按揭貸款金額 / 物業價值

=Loan/Value

在開始本篇文章分析之前，必須要先界定清楚住宅按揭比率的定義。首先，金管局每個月會在其網頁公佈「住宅按揭統計調查結果」，當中有提及住宅按揭比率，而本篇文章將會以住宅按揭比率去進行分析。在金管局「住宅按揭統計調查結果」及本篇文章中，住宅按揭比率是指當月新批出按揭貸款時之按揭比率。舉個例子說明，上個星期 A 先生用 500 萬元買入一個兩房單位自住，而 A 先生剛獲銀行批出 300 萬元按揭貸款。這個個案的 LTV％等於 60％（300 萬元貸款 /500 萬元成交價或最近期市值）。由於申請及審批按揭貸款所需時間極短，Value 基本上就是當月物業的市值。

LTV％是反映借貸重要指標

正如筆者前文所說，樓宇買賣多數通過借貸進行，如果大多數參與者熱衷用超越自身承擔能力的高槓桿水平去買樓，樓市有可能未必太穩妥，尤其當經濟出現逆轉及轉差。住宅按揭比率正正就是反映按揭申請人在買樓或者轉按時的按揭貸款對比物業價值的成數。如果 LTV％高（低），即是代表買樓及轉按時借貸水平高（低），出首期的比例低（高），反映買家口袋的錢及儲蓄比較緊張（充裕）。因此，LTV％是其中一個重要指標去反映整體樓市的借貸水平。

圖表1.9 當月新批按揭時的按揭比率及當月月末CCL的趨勢表

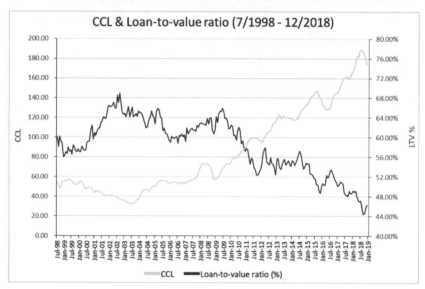

資料來源：金管局、中原地產

圖表1.9列出由1998年7月至2018年12月止之當月新批按揭的LTV Ratio（深色線右軸）及期內的CCL（淺色線左軸）。從圖表1.9，筆者有以下發現：

1998年7月至2002年9月

在樓價下跌的時候，很多人認為銀行會收緊按揭貸款成數，要求買家拿出更高成數的首期。但是根據圖表1.9所示，CCL由1998年7月末的53.62點輾轉下跌至2002年9月末的36.94點，

期內當月新批按揭的LTV Ratio由最低的約55.97%（1998年
12月）升至最高的68.9%（2002年9月），反映在這段樓價下跌
的期間，買家的借貸比率反而上升。

2002年9月至2003年9月

CCL由2002年9月的36.94點再跌至2003年9月的33.26點，
LTV Ratio變化不大，由68.9%輕微下跌至64.3%。

2003年9月至2006年1月

CCL由2003年9月的33.26點升至2006年1月的53.65點，
LTV Ratio由64.3%（2003年9月）輕微下跌至59.00%（2006
年1月）。

2006年1月至2007年8月

由於香港跟隨美國加息，最優惠利率由5%升至2007年8月的
7.75%，CCL由53.65點升至57.3點，LTV Ratio變動亦不
大，由59.00%輕微上升至61.4%。

2007年8月至2008年6月

期間，香港跟隨美國減息，最優惠利率由7.75%降至2008年6月的5%，CCL則由57.30點急速上升至73.38點，CCL上升約28%，但LTV Ratio僅由61.4%輕微升至63.8%。

2008年6月至2009年6月

因金融海嘯爆發，CCL由73.38點跌至2008年12月的56.78點，半年下跌約23%，LTV Ratio由63.8%下跌至61.5%。其後，CCL因美國QE1而開始上升，至2009年6月的68.42點，同期LTV Ratio由2008年12月的61.5%上升至2009年6月的65.9%。

總括而言，由2002年9月至2009年6月，儘管期間CCL經歷過沙士、美國加息及金融海嘯而有所調整，整體而言CCL仍是反覆持續上升。而在這段期間，當月新批按揭的LTV%則反覆在約59%至68%的範圍內浮沉，有升有跌。但是，筆者強調讀者要留意CCL及當月新批按揭的LTV%在金融海嘯之後的變化。

2009年6月及之後

其後，CCL繼續由68.41點上升至2018年12月末的174.49點，大升約155%，雖然中間經歷政府多次辣招、收緊按揭貸款、

美中貿易戰而曾經有過輕微調整。而期間的當月新批住宅按揭 LTV Ratio則由2009年中高位的65.9%，不斷下跌至2018年9月最低的44.4%（之後LTV%輕微提升至2018年12月的46.3%）。各位讀者試想想，2018年9月末CCL為185.51，樓價處於非常接近歷史最高點的水平，但在這時候買樓/轉按且獲批按揭貸款的人，其LTV%只是44.4%，即是說，在如此高樓價的水平下，按揭貸款申請人平均可以拿出55.6%物業估值出來做首期，間接證明現在入市的買家是擁有雄厚的財力，目前業主貸款成數低且有雄厚財力支持，基本上現在好難出現如1997-2003年般業主被迫劈價沽貨去還債的情況。

當然，在這段期間樓價升但LTV%跌的情況，主要原因是與金管局多年來實施多次按揭貸款收緊措施有關，例如收緊按揭貸款成數、推出壓力測試等，詳情可參閱圖表1.10。

圖表1.10 金管局自2009年起8輪收緊按揭貸款的摘要

公佈日期	監管措施
2009年10月23日	2,000萬元以上自住物業最高按揭成數收緊至最高為60% 2,000萬元以下自住物業為70%
2010年8月13日	1200萬元以上自住物業及非自住物業最高按揭成數收緊至60% 供款佔入息比率上限為50% 銀行需為借貸人進行壓力測試
2010年11月19日	1200萬元以上物業、非自住物業、以公司名義持有的住宅、以及工商物業，按揭成數收緊至50% 800-1200萬元以下自住物業最高按揭成數為60% 800萬元以下自住物業最高按揭成數為70%(貸款額最多480萬元)

2011年6月10日	1000萬元以上自住物業按揭成數上限收緊至50% 700-1000萬元以下自住物業按揭成數上限收緊至60%(貸款額最高500萬元) 700萬元以下自住物業按揭成數上限改為70%(貸款額最高420萬元) 若借款人主要收入來自香港以外地區，按揭成數下調10%
2012年9月14日	收緊第二套物業按揭的供款與入息比率上限 再調低收入來自香港以外地區人士及資產淨值計算按揭成數上限 限制按揭年期上限為30年 引入供款與入息比率上限至非住宅物業
2013年2月22日	銀行新做按揭加權風險比率下限為15% 供款人壓力測試增至3% 非住宅物業按揭成數上限下調10% 車位按揭上限定為40%；貸款年期上限為15年
2015年2月27日	700萬元以下自用住宅物業的最高按揭成數降至60% 借款人主要收入非來自香港，最高按揭成數降至50% 第二套自用住宅物業的供款與入息比率上限調低至40%，壓測下的上限為50%
2017年5月19日	借款人若有多於一個按揭物業，最高按揭成數再減10% 借款人主要收入非來自香港，最高按揭成數降至30% 銀行新做按揭加權風險比率下限為25%

資料來源：金管局

究竟業主的高比例首期會否來自其他借貸呢？

從圖表1.9顯示，自2008年金融海嘯過後，樓價雖然大升，但住宅按揭比率持續下跌，反映買家擁有雄厚的儲備及財力。但是，筆者在想如果買家首期是來自其他個人借貸（如私人貸款、稅貸、信用卡分期等）及其他物業加按，圖表1.9的LTV%基本上是未必完全能夠顯示這類靠「借上借」去撲首期買樓的過案。如果首期是靠「借上借」去取回來，整體借貸實際上是並無下降，只是用其他途徑的貸款去取代高成數按揭貸款而已。

90年代可以「借上借」出首期

在筆者開估之前,筆者想講1990年代如何買樓及炒樓,當時業主可以把現有物業加按至市值7成,只要現有按揭物業不斷升值,業主就可以透過不斷加按套現,加按套現後的款項又可以作為再買另一層樓的3成首期,由於當時沒有正面按揭信貸資料庫,銀行根本無法得知按揭申請人於其他銀行有否借貸,以及有否過度借貸。因此,當時買家所付出的首期可以是全來自「借上借」。由於當年按揭申請人可以隱瞞他在其他銀行的負債,從而取得另一間銀行的貸款進行炒賣,這個漏洞可以使到投資者及炒家透過不斷加按借錢、不斷去買入新物業炒賣。樓價如果持續上升,當然大家可以繼續玩音樂椅的遊戲。萬一樓價下跌,過度借貸的買家就不能透過再加按、再融資去套現應付按揭供款、甚至還債,由於借貸鏈因樓價持續下跌而斷裂,過度借貸的業主就會被迫劈價沽貨以盡快還債,這是導致到1997-2003年樓市大跌的主因。

正面按揭信貸資料庫成立

正面按揭信貸資料庫於2011年4月起成立,銀行在客戶的同意下可以知道按揭申請人目前的借貸狀況,例如有幾多個按揭、私人貸款、稅貸、甚至信用卡購物分期付款等,以及上述相關貸款之每月還款額。再加上,貸款申請人在申請按揭貸款

時，需要接受壓力測試，銀行會將按揭貸款申請人現存所有借貸的每月還款額以及申請中按揭的每月還款額合併計算，一次過將所有貸款的每月還款額加起來，用按揭貸款申請人之收入去計算壓力測試。若然，申請人於申請按揭時有其他銀行借貸須每月還款，除非申請人每月還款額很少或者有很高的收入，否則申請中的按揭貸款都好難會過到壓力測試。而且，如果申請人本身已經有一個或以上的按揭貸款，新申請的按揭貸款之 LTV% 須再減 1 成。

靠父母借首期都是實力

在上述措施下，按揭借貸申請人好難做到通過其他銀行借貸預先取得首期，然後再申請按揭貸款以完成物業交易，金管局實施一系列的按揭收緊措施，變相使到今天的置業人士必須要有更強的財力及儲蓄才可以入場。當然，今天很多年輕人上車可能靠父母借首期，但子女向父母借首期的動作本身不涉及銀行借貸，只是父母的儲蓄而已，都是實力的一部份。

大家再留意返圖表 1.9，根據金管局「住宅按揭統計調查結果」的 LTV%，近期 CCL 介乎 170-180 點的情況下，當月新批出按揭貸款時之按揭比率卻只是 46-48%，再加上首期好難靠「借上借」取回來，即是代表 52-54% 的首期大多是來自置業人士自

身（或父幹）的儲蓄，反映現在入市的買家根本是擁有雄厚的財力，樓市內的業主基本上沒有存在過度借貸的問題。

香港LTV%較其他國家低

圖表1.11節錄自International Monetary Fund Working Paper，並列出了於2013年不同國家的最高按揭貸款比率的限制及規定。根據這份文件所述，全球有47個國家設有最高按揭貸款比率的限制及規定，而其中有27個國家於金融海嘯後曾收緊最高按揭貸款比率的規定，以控制金融風險，香港更是這27國中的其中一個。基本上，香港於2013年時差不多已是這27個國家中按揭貸款比例最低的地方。

圖表 1.11 2013年27個不同國家的按揭比率上限對照表

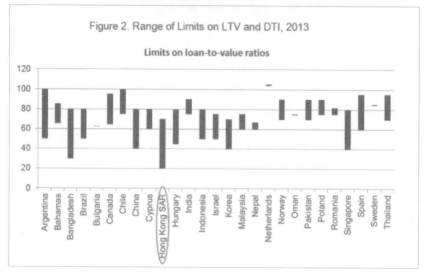

Figure 2. Range of Limits on LTV and DTI, 2013

節錄自 Luis I. Jácome and Srobona Mitra, LTV and DTI Limits-Going Granular, Jul 2015, IMF Working Paper

在2013年之後，金管局亦多次收緊按揭貸款成數。自2015年2月起，沿用多年的7成按揭上限亦出現改變，基本首期最少由3成增加至4成。目前自用住宅物業的按揭成數由高達7成再降至6成，樓價1,000萬元以上住宅物業及所有非自用住宅物業降至5成，以上凡屬第二套房按揭類別之按揭成數全部再降1成等等。因此，雖然筆者沒有目前最新全球各國的最高按揭成數規定的資料，但筆者仍有理由相信香港最高按揭成數規定應該在眾多國家中屬接近最嚴謹水平。

第一章：業主「借大咗」？真相是……

借按保
=「借大咗」？

據筆者前文所述，目前當月新批按揭貸款的按揭比率好低，只是約物業估值的46-48%。即是說，現在業主當承造按揭時，普遍能支付約物業估值的52-54%作為首期，而且有正面信貸資料庫及壓力測試等限貸措施把關，普遍業主好難通過「借上借」去撲水支付首期。但是，現時首次置業人士(申請按揭時並沒有持有其他住宅物業)仍可以透過按揭保險，向銀行申請最多8-9

成按揭，買入不高於600萬元的單位上車，首置客只須拿出10-20%首期便能上車。表面看，這班上車客財力似乎較弱，理論上應對逆境的能力可能會較差，尤其今天樓價已上升了很多。萬一將來樓價下跌，究竟這批高貸款成數的買家會否出現應付不了按揭供款的情況，筆者認為倒也值得去研究。

何謂「按揭保險計劃」

引用自2018年12月18日香港經濟日報「何謂『按揭保險計劃』?」一文，不少人以為承做按揭保險，樓價之6成部份是由銀行借出，3成是由按揭保險公司借出。其實，整筆按揭貸款都是由銀行提供，只是借款人需要為6成以外的貸款金額買保險，而香港按揭證券公司就作為中間擔保的角色。按揭保險計劃的好處是按揭保險費用可以跟原本按揭享有同一樣水平的還款利率，亦可與每月供款一併償還；另外，業主亦可以選擇一筆過繳交節省保費利息。

首先，香港按揭證券公司每月會公佈按揭保險的數字，包括當月按揭保險下新提取按揭貸款的金額，相關數據自2009年3月起開始公佈。此外，根據金管局編制的「住宅按揭每月統計調查結果」，亦會公佈當月新取用整體按揭貸款的金額。為要知道樓市有沒有過度借貸的風險，筆者會用當月按揭保險的新提取貸款的金額，去比較整體住宅按揭當月新提取貸款的金額，從而

去找出按揭保險在當月新提取貸款中的比重，然後再將按保的比重與CCL（圖表1.12淺色線）比較。

以金額計按保的比重%（圖表1.12深色線）

$$= \frac{\text{按揭保險當月新提取貸款金額}}{\text{整體住宅按揭當月新提取貸款金額}}$$

圖表 1.12 當月按揭保險新提取貸款之比重及 CCL 的趨勢表 （2009 年 3 月至 2018 年 12 月）

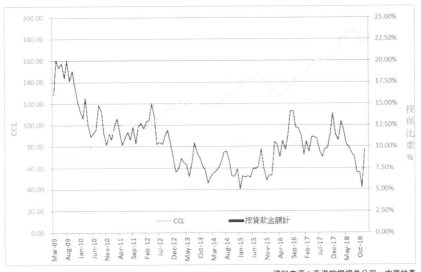

資料來源：香港按揭證券公司、中原地產

圖表 1.13 當月按揭保險新提取貸款宗數的趨勢表
（2009 年 3 月至 2018 年 12 月）

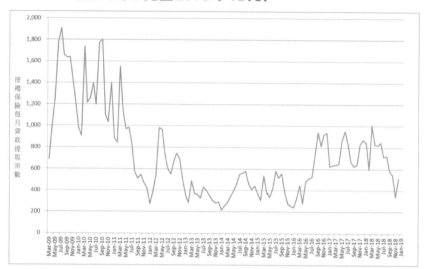

資料來源：金管局

從圖表 1.12 所得知，從 2009 年 3 月末至 2018 年 12 月末，期間 CCL 由 60.2 點持續上升 174.49 點。但按揭保險的比重卻不斷反覆下跌，以當月提取貸款金額計，由 2009 年 4 月高位約 20.0%，曾跌至 2014 年 1 月最低的 5.8%，期後至 2016 年 6 月按保的比重約在 5-10% 內浮沉，及後按保的比重又再升至 2016 年 9 月高位的 14.2%，直到 2018 年 12 月按保比重約 9.7%。長期去看，儘管樓價持續大升，按揭保險的比重處於很低的水平且呈反覆下跌的趨勢，證明以高成數借貸入市的買家佔整體大市其實不多，這反映近年樓價上升與高成數借貸無關，間接證明近年買樓人士並無過度依賴高成數按揭貸款。

根據圖表1.13顯示，按揭保險新提取貸款宗數由2009年7月最多曾見1,908宗，之後反覆下跌至2014年1月最少的216宗，期後上升至2018年3月的1,008宗後又再反覆下跌。整體而言，按揭保險新提取貸款宗數是呈長期下跌的趨勢。

其次，按揭保險佔整體按揭貸款比例不高（圖表1.12）及按揭保險新提取貸款宗數持續下跌（圖表1.13）的主要原因，其實是與金管局多次大幅收緊按揭保險計劃的貸款條件有關，若然留意圖表1.14內按保貸款收緊措施的歷年變化，讀者便可以發現這些按保限貸措施其實是「好辣」。

圖表1.14 歷年按揭保險收緊措施的摘要

公佈日期	監管措施
2009年10月23日	• 最高按揭成數95%的貸款額上限下調至600萬元（最高樓價：631.57萬元） • 最高按揭成數90%的貸款額上限下調至1,200萬元（最高樓價：1,333.3萬元）
2010年8月13日	• 暫停接受超過90%按揭貸款之申請 • 最高按揭成數90%的貸款額上限下調至720萬元（最高樓價：800萬元） • 將所有入息種類人士之供款佔入息比率的上限劃一定為50%
2010年11月19日	• 最高按揭成數90%的貸款額上限下調至612萬元（最高樓價：680萬元）
2011年6月10日	• 最高按揭成數90%的貸款額上限下調至540萬元（最高樓價：600萬元） • 按揭保險計劃不接受主要收入並非來自香港的人士之申請按揭保險
2012年9月18日	• 若申請人於申請按揭保險計劃時（包括申請用作套現之再融資按揭貸款），已經擁有或提供按揭擔保予兩個或以上未完全償還按揭的住宅或非住宅物業，其按揭保險計劃的供款比率上限會由現時的50%下調至40%。若這些申請人是自僱的非專業人士，並且申請高於85%按揭成數的按揭貸款，有關供款比率上限則會由現時的45%下調至35%。至於非套現之再融資按揭貸款則可獲豁免上述修訂 • 所有按揭保險計劃申請之貸款年期上限，由40年下調至30年
2013年2月22日	• 400萬元或以下的住宅物業才可敘造最高90%按揭貸款 • 住宅物業價格在400萬元以上至450萬元以下將可透過按保計劃敘造最高360萬元，即80%至90%按揭貸款。住宅物業價格在450萬元或以上則只可敘造最高80%按揭貸款。按保計劃的住宅物業價格上限仍維持於600萬元

2015年2月27日	●置業人士要是首次置業，加上要有固定收入，供款入息比率不可超過45%，才可以申請90%按揭，其餘人士，例如想樓換樓，最多只可做80%按揭
2019年10月16日	●800萬元或以下的住宅物業可敍造最高90%按揭貸款 ●住宅物業價格在800萬元以上及1000萬元或以下可敍造最高80%按揭貸款

資料來源：金管局

限貸措施防止「弱者」入市

儘管按保計劃的借貸人使用高成數按揭，他們或許沒有能力支付高成數的首期去買樓，但是否就代表他們的信貸風險較高？筆者認為不是。同樣買一個600萬元住宅，按保申請人最高可借8成，而非按保申請人最高則只借6成。（及至2019年10月16日，特首林鄭月娥在《施政報告》中提到，放寬按證公司提供的按保計劃樓價上限，首次置業人士申請最高九成按揭貸款的樓價上限，將由400萬元提升至800萬元，而可申請最高八成按揭的樓價上限則由600萬元提升至1,000萬元。）但不論是按保申請人或是非按保申請人，兩者同樣最多只可借30年及以相同的條件去進行壓力測試。當首置人士沒有足夠首期而須要借按保，由於貸款成數較高，每月按揭供款一定會較高（因為同樣最多只借30年），因此該首置人士便須要有更高的收入水平才可成功過到壓力測試。而當另一買家有足夠首期而不用申請按保，由於貸款成數較低，每月按揭供款會較低（因為最多只借30年），為應付壓力測試，最低的收入水平自然會較低。

而按保計劃背後的理念，是當首置人士沒有足夠首期而須借按保時，便要求有更高的收入水平去支持高成數貸款引申出來較高的每月按揭供款。相反，如置業人士有足夠首期，按揭貸款成數及每月按揭供款會較少，最低的收入水平要求就可以低一點。至於當一個人沒有足夠的首期及收入時，他基本上就無法向銀行借錢買樓上車，而這些限貸措施目的就是要防止沒有足夠防守能力的「弱者」進入樓市。

細價樓升幅較快的原因

近年，細價樓（尤其600萬元或以下）的呎價升幅較其他中大型單位為快，其中一個原因與政府不斷收緊按揭貸款有關。若讀者有詳細留意圖表1.10及圖表1.14的收緊按揭貸款之措施，讀者其實不難發現樓價愈貴，按揭比率就會愈低，即是說，當買貴價樓，買家須準備更高成數的首期。由於現在普遍上車客手上首期有限且只有細價樓可借較高成數的按揭貸款，但同時樓價上升政府卻反而不斷去收緊按揭貸款成數，上車客買樓只會是難上加難，他們唯有「睇餸食飯」及焗住去搶有高貸款成數的細價樓。在僧多粥少的情況下，以致細價樓升幅大幅跑贏中大型住宅物業。

1.6

大部份業主
供滿樓

為何業主負債情況於樓市分析中扮演一個很重要的角色？因為如果業主透過過度借貸，或者在沒有足夠儲蓄的情況下，購入超乎其自身承擔能力的物業，萬一市況逆轉及樓市急轉直下，過度借貸的業主就會應付不了按揭供款及需向銀行還款補差價，不少物業變成銀主盤，銀主盤馬上被銀行劈價放售，樓價便好像漩渦般下跌。同時，由於銀行亦承受了不少壞賬，銀行

會嚴控風險、大幅收緊信貸,以及借款人因要削減消費和投資去還債,導致經濟活動放緩及收縮。因此,只要業主及投資者沒有過度借貸,且預留足夠儲備應付逆境,就能避免上述情況。

供滿樓業主擁最強持貨力

就業主負債情況來看,筆者前文已提及幾個因素,例如(1)銀行由1997年至今存款及貸款/貸存比率/貸款結構的變化、(2)當月新批按揭時的按揭比率(Loan-to-Value Ratio)、(3)按揭保險高成數貸款佔整體住宅按揭新提取貸款的比重等等。到目前為止,這些數字顯示樓市目前基本上並沒有過度借貸的問題,老實說,香港樓市的借貸水平甚至是過低,儘管樓價持續大升多年及很貴。而本篇文章將分析究竟香港有幾多成業主已供滿樓。筆者認為,如果業主已供滿樓,他們不會出現因為樓價下跌引發的問題導致無法供款而被迫急急賣樓還債的情況,由於沒有負債,供滿樓的業主基本上擁有最強的持貨及防守能力。

首先,政府統計處進行2016年中期人口統計時,其中一項是供滿樓的比率。根據統計處的計算方法,這個所謂「供滿樓」的比率是指所有居於自置單位的家庭當中,有幾多家庭是居於沒有按揭的自置單位內,自置單位可以是私人屋苑單位、村屋、已出售的公營房屋(包括公屋、居屋)等等,人口普查的重點是

「居於」自置物業內的家庭其自住單位是否有按揭。由於人口普查只集中調查居於某一屋苑內的居於自置單位家庭或租戶家庭狀況，調查員在向租戶家庭做訪問及問卷調查時，調查員並沒有可能可以向租戶家庭的包租公訪問該收租單位有沒有按揭。因此，收租單位有否按揭並不包括在人口普查的統計內。

圖表1.15 香港人口普查關於居於自置物業內的家庭數字（2001年至2016年）

居所租住權	2001		2006		2011		2016	
	數目	百分比	數目	百分比	數目	百分比	數目	百分比
自置								
- 有按揭或貸款	537,230	51.5%	561,112	47.8%	492,261	39.9%	417,974	34.3%
- 沒有按揭及貸款	505,375	48.5%	613,020	52.2%	741,334	60.1%	799,029	65.7%
居於自置物業的家庭數目	1,042,605	100.0%	1,174,132	100.0%	1,233,595	100.0%	1,217,003	100.0%
截止6月末的CCL	43.38		53.40		99.23		128.85	

註：人口普查每5年進行1次且於年中對住戶調查，因此使用6月末的CCL去比較。

圖表1.16 居於沒有按揭貸款的自置物業內的家庭總數及比重趨勢表（2001年至2016年）

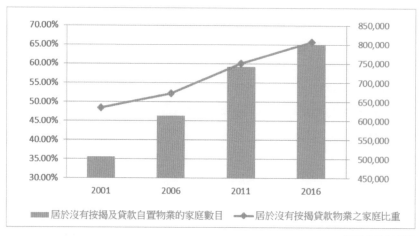

資料來源：人口普查

從圖表1.15及圖表1.16,在居於自置物業內的家庭總數中,其自置物業沒有按揭的家庭數目由2001年的505,375戶,升至2016年的799,029戶,過去15年累計升幅約58.1%。而居於沒有按揭貸款的自置物業內的家庭總數及比重(坊間所說的供滿樓比率)由2001年的48.5%,不斷上升至2006年的52.2%、2011年的60.1%及2016年的65.7%。這個持續上升的供滿樓比率其實反映:

香港業主普遍好有錢

現在香港業主們普遍好有錢,而且隨著供滿樓的家庭數目及樓價持續上升,他們的財富水平上升速度快。由於無按揭負債,這些業主的財富是「實的的」,完全不會有被債主逼倉的風險,就算遇到跌市或淡市,普遍業主寧願繼續持貨都不會賤賣,尤其港樓現在十分短缺,老實說樓價大跌風險很低。

普遍業主沒有加按套現

當居於沒有按揭自置物業的家庭數目及比重持續上升,同時CCL一樣持續上升,反映普遍業主在這十多年的升市中並沒有通過加按自住物業去套現及再投資入樓市。大家可以想想,若然大多數「供滿樓」的業主見個市旺而心紅,人人走去加按自住樓套現買多間去投資,這個所謂「供滿樓」比率應該是下跌而非上升。現在,樓價上升但「供滿樓」比率同時亦上升,證明現在

普遍業主並沒有因心紅而去加按自住樓去買多間，反映現時業主對借貸的取態仍是十分保守及審慎。

未看到父母加按自住樓籌首期

近年大家去睇樓，其實不難發現年青買家大多有父母長輩資助才可以買樓上車，尤其是上車盤。由於樓價過去十多年大幅上升，很多人擔心父母是否要將自住樓加按才可為子女上車撲首期，再加上年青子女的父母大多可能已年介退休年齡，臨退休無收入時才加按幫仔女上車，究竟這樣幫仔女上車對父母可會構成沉重的財務壓力？筆者認為，儘管父母資助子女上車的個案十分普遍，但是從上述「供滿樓」比率的數字上看，整體上根本仍未看到父母須要去到加按自住樓才可為子女籌首期的地步，反映現在業主擁有雄厚的財力。

整體未償還按揭宗數推算

根據人口普查的方法，統計處只統計居於自置物業內的家庭有幾多是有按揭貸款、有幾多是沒有按揭。但是，此方法其實並不全面，最起碼人口普查數據並不包括持有收租住宅物業的業主的「供滿樓」情況。如果要全面地及完整地知道整體住宅的按揭情況，最好的辦法是將未償還的按揭宗數與現有的住宅數量去比較。但是，金管局所編制的「住宅按揭每月統計調查結果」中，只例出了未償還按揭的金額，並沒有註明未償還按揭貸款的宗數，基本上是沒法直接知道業主供滿樓的比例。

在這種情況下，如何可以知道未償還按揭的宗數？其實筆者倒還有一個辦法，就是從金管局之「負資產住宅按揭貸款的最新調查結果」可以大約估計到未償還按揭的宗數。在「負資產住宅按揭貸款的最新調查結果」中，有披露「負資產住宅按揭貸款總數」及「佔整體按揭貸款宗數的百分比」，只要將前者除以後者，就能大概找出「未償還按揭的宗數」。由於有舍入誤差，這個「未償還按揭的宗數」數字可能不太及時和準確，但已經是無辦法中的辦法。

圖表1.17 整體住宅未償還按揭貸款宗數推算表

	截止2011年9月止	截止2011年12月止	截止2016年3月止	截止2016年6月止	截止2018年12月止
負資產住宅按揭貸款宗數	1,653	1,465	1,432	1,307	262
佔整體按揭貸款宗數的百分比	0.30%	0.30%	0.30%	0.30%	0.05%
未償還按揭貸款宗數 (估計) (A)	551,000	488,333	477,333	435,667	524,000

	截止2011年3月止	截止2011年3月止	截止2016年3月止	截止2016年3月止	截止2017年3月止#
公營資助出售單位*	391,200	391,200	398,900	398,900	403,100
私人住宅單位*	1,193,200	1,193,200	1,266,500	1,266,500	1,282,200
別墅／平房／新型村屋*	165,400	165,400	180,500	180,500	182,400
簡單磚石蓋搭建築物／傳統村屋*	42,400	42,400	42,300	42,300	42,300
已出售房屋總數^ (B)	1,792,200	1,792,200	1,888,200	1,888,200	1,910,000
供滿樓比率 (1 - A/B)	69.3%	72.8%	74.7%	76.9%	72.6%

註：由於過去多年樓價持續上升，大部份時間負資產宗數是零，僅有個別季度因樓市調整而出現零星負資產個案
* 節錄自香港統計年刊 (2016年版) 及 (2018年版)
^ 不包括員工宿舍及非住宅用屋宇單位
# 由於最新的香港統計年刊 (2018年版) 僅提供至2017年3月末的單位數量，筆者因此只能以此去計算單位存量

整體供滿樓比率或達7成

根據圖表1.17所用的估計方法，筆者粗略估計近年整體住宅市場的供滿樓比率可能已達至7成左右的水平，與2016年人口普查內的居於沒有按揭貸款自置物業的家庭比例相若。另一方面，當新批按揭時的Loan-to-Value Ratio因為政府多次收緊按揭而不斷下跌，又有正面信貸資料庫及壓力測試防止濫借及「借上借」，以及供滿樓比率持續由約5成上升至7成左右。樓市持續上升，一定是市場買家多於賣家，且買家願意追價的結果，而整體大市沒有出現過度借貸，這其實間接可以反映現在入市的買家本身是擁用雄厚的財力，樓市基本上沒有大跌風險，試問各位讀者有沒有聽過債務危機會於市場參與者擁有豐厚的財力下發生？其次，這其實是反映現在的業主擁有強勁的購買力。

談談
負資產

筆者在本篇文章談談負資產及關於負資產過往的數字及狀況。各位讀者可能會認為,現在樓市持續上升,而且金管局多次收緊按揭貸款以防止買家透過過度借貸入市,現在負資產的情況僅只是零星個案而已,根本並不可能出現如2002-2003年負資產大規模爆發的情況,這點筆者都非常認同。本篇文章除了簡述負資產的數字及當年嚴峻的情況外,亦會談談為何香港樓市可以跨過當年負資產大規模爆發的年代,而走到今天樓價大升的境地。

何謂負資產?

負資產是指持有的物業市值,低於原先用來購買物業的借款(即樓宇按揭),而負資產通常在物業價格大幅下跌後發生。假設業主購入400萬元的單位,現時仍欠銀行360萬元貸款,但物業市值已跌至只有300萬元,即使出售單位後,仍尚欠銀行60萬元貸款,此等物業便被視為負資產。

在負資產的情況下，當借款人無法還清購買物業所用的款項的時候，銀行即使把抵押物業沒收及轉賣，出售物業後的款項都不足夠償債，借款人最終失去物業的同時，他仍須馬上向銀行清還餘下的欠債（俗稱補差價）。另一方面，負資產不單使到業主及借貸人蒙受損失，批出貸款的銀行亦一樣有損失。大家試想想，當銀行的抵押品價值低於其應收貸款，銀行仍會面對貸款組合賬面上的減值虧損。當減值虧損重大，損及銀行損益表及資本充足比率，小則影響銀行未來放貸，大則當影響存戶信心，甚至可以使到銀行擠提甚至倒閉。

負資產數字及趨勢

自美國次按風暴後，負資產宗數於2008年12月處於高位，有10,949宗，以宗數（金額）計，負資產佔整體按揭約2.3%（4.2%）。期後香港樓價大幅上升，再加上政府多次收緊按揭成數，負資產個案大幅下跌，絕大部份時間負資產宗數及金額處於近乎零的水平，只有在樓價調整時，零星負資產個案才出現，其佔整體住宅按揭的比重才輕微上升至0.3%。截至2018年12月，樓價因中美貿易戰而調整，負資產宗數才輕微上升至262宗，佔整體宗數（金額）約0.05%（0.09%），而這262宗負資產的平均Loan-to-Fair Value%只是105%，貸款中無抵押部份只是抵押物業市值的5%，其金額僅5,800萬元，相當輕微。詳情可以參閱圖表1.18及1.19。據了解，這些負資產個案主要是銀行批予員工的零星高成數按揭貸款所致。

圖表1.18 負資產的宗數與同期CCL的趨勢表
（2001年9月至2018年12月）

資料來源：金管局、中原地產

圖表 1.19 負資產佔整體住宅按揭貸款的比重與CCL的趨勢表 （2001年9月至2018年12月）

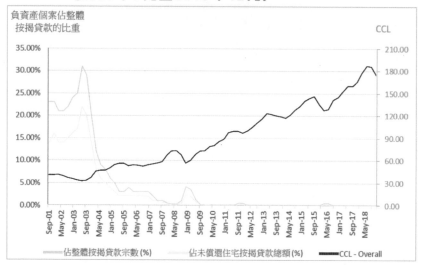

資料來源：金管局、中原地產

沙士前後負資產情況

反而，筆者想多花點時間講講沙士前後負資產的情況。根據圖表1.18、1.19及1.20，2001年12月末CCL為40.67點，當時負資產宗數為73,000宗，以宗數及金額計，負資產個案分別佔整體住宅按揭的比重分別約16%及23%，而當時負資產貸款之平均Loan-to-Fair Value Ratio約125%。期後樓價逐跌，至2003年6月，CCL再下跌19.7%至32.67，負資產宗數大幅上

升至歷史高位的105,697宗,以宗數及金額計,負資產個案分別佔整體住宅按揭的比重分別升至約22%及31%,而當時負資產貸款之平均Loan-to-Fair Value Ratio更升至128%。

大家試從銀行的角度想一想,在2003年6月負資產最嚴重的時間,根據圖表1.20所示,銀行的貸款組合中有25.9%屬於住宅按揭貸款,住宅按揭貸款的比重在眾多不同種類的銀行貸款中佔最大。而未償還的住宅按揭貸款總額約5,322.6億元,當時當中有31%是負資產按揭貸款(1,650億元),而這些負資產按揭貸款平均Loan-to-Fair Value Ratio為128%。即是說,1,650億元負資產按揭貸款中,有462億元是屬於沒有抵押的部份(1,650億元 x28%)。在這情況下,銀行面對很大的貸款潛在未實現(unrealized)的減值虧損(462億元),這潛在未實現的減值虧損相當於整個住宅按揭貸款約8.7%(462億元/5,322.6億元)。

但有兩點不要忘記,第一,銀行批出抵押貸款,可能只會批出60-70%Loan-to-Value Ratio,正常會預留30-40%作為緩衝以應付潛在信貸風險,但於2003年6月時,負資產貸款的平均Loan-to-Value Ratio卻升至128%,變相使到銀行無險可守。第二,銀行從按揭貸款所賺取的息差其實可能不多,只有1厘多至2厘,這8.7%虧損雖不致銀行沒頂倒閉,但會嚴重影響銀行損益表、甚至可能影響銀行對放貸的取態。不過,筆者強調這個只是潛在未實現(Unrealized)的減值虧損,是否會變成實現虧損要視乎借貸人有否繼續還款。

第
一
章
：
業
主
「
借
大
咗
」
？
真
相
是
⋯⋯

準時還款 銀行大多不追收差價

老實說，當年超過十萬宗負資產，而這些負資產的平均Loan-to-Fair Value Ratio更去到128%，當抵押品價值低於其未償還貸款，理論上，銀行是可以向貸款人追收差價，這個差價不會只是28%，而是更可能達至58%（128%減70%，因為當年最多可借7成）。不過，當年經濟差，筆者相信有為數不少的借貸人根本無力一次過支付這個差價，若銀行強行向所有貸款人追收差價的話，最終銀行只能收回一大堆銀主盤待售，而且銀行收樓後借貸人亦根本無力向銀行補回差價，這麼大量的銀主盤待售，市場又無法承接，強行收樓及推售只會再推冧樓價，並製造更多的負資產個案。所以，銀行若強行向所有借貸人追收差價，損失可能更大。其實當年借貸人只要準時還款，銀行大多都不會向這些負資產借貸人追收差價。

圖表1.20 負資產住宅按揭貸款的狀況（2001年12月至2003年12月）

	Dec-01	Jun-02	Dec-02	Jun-03	Dec-03
負資產住宅按揭貸款總數	73,000	66,941	76,686	105,697	67,575
佔整體按揭貸款宗數 (%)	16.00%	14.00%	16.00%	22.00%	14.00%
負資產住宅按揭貸款總值 (HK$'M)	125,000	115,000	127,000	165,000	107,000
佔未償還住宅按揭貸款總額 (%)	23.00%	21.00%	24.00%	31.00%	20.00%
負資產個案之平均 Loan-to-value ratio (%)	125.0%	127.0%	127.0%	128.0%	128.0%
未償還住宅按揭貸款總額 (HK$'M) <1>	543,478	547,619	529,167	532,258	535,000
未償還住宅按揭貸款佔整體銀行所有不同用途貸款的比重	24.70%	25.50%	26.10%	25.90%	26.00%
CCL - Overall	40.67	39.51	35.83	32.67	37.07

<1>不包括購買居者有其屋計劃樓宇、私人機構參建居屋計劃樓宇及租者置其屋計劃樓宇之住宅按揭貸款

資料來源：金管局、中原地產

盡量靠慳錢減債

另一方面，筆者亦想從按揭貸款人的角度去看。如筆者前文所述，1997年樓市泡沫爆破是因為「借大咗」，而「借大咗」是要還的。在這個時候，基本上市場需求、就業機會、經濟信心及商業景氣等一定會轉差及疲弱，此時很難通過增加收入去減債。企業只能透過減少開支及新投資，盡量靠慳錢去減債，當然企業最快及最明顯減省開支的方法不外乎是裁員。對打工仔而言，面對就業機會減少，失業率上升，甚至減人工，也只能通過減少消費去減債。從圖表1.21看，2001年9月的失業率為5.3%，負資產宗數為65,000宗。到2003年6月，負資產宗數上升62.6%至105,697宗，同時失業率更升至歷史高位的8.6%。在這段時間，業主們面對減人工及沉重裁員的壓力，但同時又要還債，這時只能節衣縮食，而且業主可能仍要供一層負資產物業，每月供樓尤如倒錢落海。筆者曾想在2003年時轉工，試過寄出超過100份求職信，差不多毫無回音，只得零星面試機會，可想而知當年就業情況是十分嚴峻，與今天2.8-2.9%失業率，工搵人及有工無人做的年代有着差天共地的分別。

有鑑於上述因「借大咗」而引發樓市泡沫爆破，導致其後出現負資產危機及經濟蕭條，因此在2009年金融海嘯後樓市大升週期，金管局曾多次收緊按揭，並引入正面信貸資料庫，其目的就是要防止因過度借貸引發的樓市泡沫再次形成。

圖表1.21 負資產宗數與失業率趨勢表
(2001年9月至2018年12月)

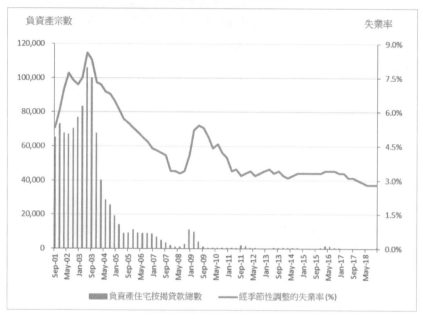

負資產宗數

失業率

負資產住宅按揭貸款總數 ——— 經季節性調整的失業率(%)

資料來源：金管局、統計處

自2003年沙士過後，樓價由2003年低位大幅反彈，再加上業主持續還款，根據圖表1.18及1.19，負資產宗數由2003年6月當時歷史高位的105,697宗（以宗數及金額計分別佔21%及31%），大幅下跌至2008年6月的936宗。之後美國金融海嘯爆發，本港負資產宗數再升至2008年12月高位的10,949宗，以宗數（金額）計，負資產佔整體按揭約2.3%（4.2%）。而這些負資產的平均Loan-to-Fair Value%由2003年6月的歷史高位約128%，逐漸下跌至2008年9月的107%，這因為樓價逐升與業主持續還款有關。至於2008年金融海嘯後至今的負資產及樓市發展，由於前文已提及，筆者不重複寫多一次。

順利過渡負資產 樓市再創高峰

筆者上文已提及過歷年負資產的發展，現在想討論香港業主如何順利過渡負資產危機，以及樓市如何能在此次信貸事件後仍能再創高峰。由於樓宇物業買賣涉及金額龐大，大部份買家須要通過銀行融資以完成交易。如果沒有銀行提供融資，樓市無可能會升至今天的高水平。但是，銀行不是在2003年經歷過逾10萬宗負資產及相關信貸風險事件嗎？為何銀行仍敢借錢俾人買樓呢？

首先，業主向銀行申請按揭貸款置業，當出售或沒收抵押物業後的款項不足夠償還貸款，銀行會向欠債人追收差價，欠債人基本上無得「走數」。而且，在2003年時，香港經濟環境非常困難，不過由於傳統中國人心態，業主仍堅持咬緊牙關向銀行還款。上述貸款合同追差價的條款及業主堅持還款的心態正正保護了銀行，銀行的實際按揭貸款撇賬及壞賬損失其實很少，儘管銀行在2003年曾經歷超過10萬宗負資產按揭。所以，銀行肯繼續經營樓宇按揭的業務，且以低廉的利率提供按揭貸款予置業人士上車及投資，樓市得以在沙士及負資產事件後再創高峰。

相反，如果2003年負資產一役銀行壞賬損失慘重，各位讀者試想想銀行會否繼續向業主貸款置業？就算銀行願意借，貸款利息亦可能好貴。

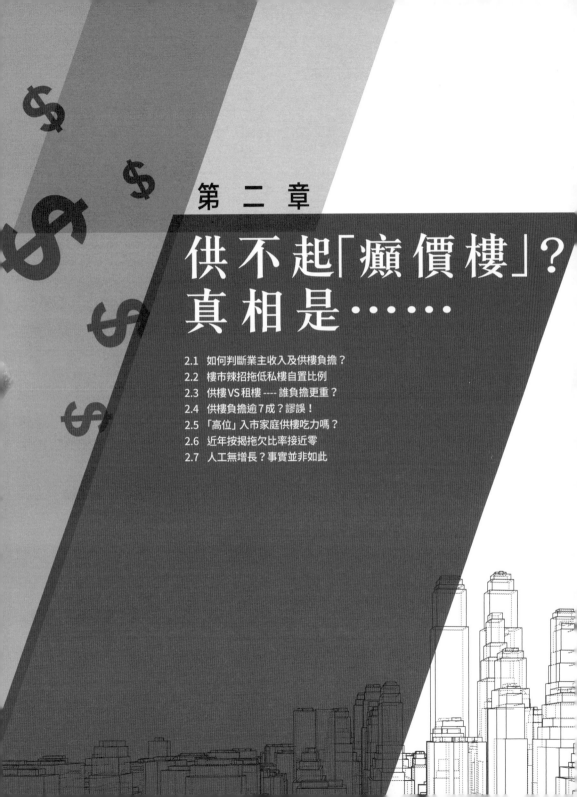

第二章

供不起「癲價樓」？
真相是……

2.1

如何判斷業主
收入及供樓負擔？

傳媒報章經常報道香港打工仔工資收入無增長，樓價好貴，供樓負擔好吃力。但是，香港市民或者業主的實際收入情況究竟是怎樣呢？這倒是一個十分值得研究的課題。筆者認為，市民的收入狀況對樓市能否健康發展有直接及關鍵的影響。首先，市民收入水平高低會影響供樓負擔比率，若然業主在目前低息環境下仍要用6-7成收入去供樓的話，那麼目前樓市可能是處於一個頗為危險的水平；相反，如果業主供樓負擔水平合理，且其收入有溫和增長，那麼樓市應該可以維持健康的發展。另一方面，如果中、高收入人士的家庭收入增長不錯，買樓自住及收租投資應有不俗的需求。

本章將會從以下不同角度去分析業主供樓負擔及收入狀況，詳情如下：

供樓負擔逾7成：計算謬誤

筆者將在本章敘述香港人口普查有一些關於居於自置單位內的家庭之供樓負擔狀況的統計，以及其他人口普查相關住屋開支負擔的調查結果。如果有留意政府關於供樓負擔比率，政府經濟顧問常常話在目前樓價水平下，每月按揭供款對比家庭收入的負擔比率已經超過7成，非常危險及超過警戒水平。

但是，金管局在多年前已實施及嚴格要求銀行執行壓力測試，限制按揭申請人每月按揭供款在加3厘的情況下不得超過月入6

成。各位讀者可能會問，既然金管局已出手限制，在加息3厘的情況下供樓負擔比率不得超過月入6成，點解政府經濟顧問可以得出在目前的利率下，供樓負擔水平超過7成的結論？筆者在本章會指出當中政府經濟顧問計算的謬誤，並會指出真正的當月新批按揭時之供樓負擔比率。

分析按揭供款拖欠比率變化

要了解供樓負擔是否過重，除了可以參照每月按揭供款對比收入的比重外，其實還有另一個數字，可以從另一個角度去知道業主的供樓負擔狀況，這個數字就是按揭供款拖欠比率（超過3個月、6個月）。若然業主的供樓負擔十分重的話，拖欠比率一定會高企並會繼續上升（尤其在加息及經濟轉差的情況下），而筆者將會分析香港住宅按揭的拖欠比率及其歷年來的變化。

以統計處及稅局數據計收入

此外，很多人說現在香港經濟差，打工仔收入無增長，但樓價卻大升，因此打工仔收入大幅落後樓價升幅。筆者會根據政府統計處及稅務局的數據，分別列出在不同收入水平下的家庭數目及薪俸稅納稅人數的變化，讓讀者真正了解香港居民目前的收入狀況。

計算準確供樓負擔比率

2018年12月末的CCL為174.49點，筆者會利用CCL於174.49點的情況下，主要屋苑的調整實用呎價，再加上平均每個單位的實用面積，以估計算某屋苑每個單位平均售價。同時，2016香港人口普查有統計全港主要屋苑內，居於有按揭自置單位的住戶家庭之家庭收入。CCL當中有97個指標屋苑是與2016香港人口普查是重疊的。筆者因應這些屋苑內每個單位的平均售價、貸款年期及目前按揭成數規定，去估計這些重疊屋苑的每月的按揭供款，再與該屋苑於在2016香港人口普查的家庭收入比較，就可知道在CCL 174.49點下的供樓負擔比率。

如前文一樣，筆者會以多個角度及不同部門的數據，去分析目前供樓負擔比率及住戶/居民的收入狀況，目的就是希望通過反覆核查，去確保數據的真實性，讓讀者可以了解樓市目前的真正狀況。此外，除了列舉數據外，筆者亦會解釋數字背後的含義。

2.2

樓市辣招
拖低私樓自置比例

在開始講香港家庭住屋開支負擔及收入的狀況之前，筆者想與讀者先行討論香港自置居所住戶狀況之變化。顧名思義，自置居所住戶是指擁有所住屋宇單位業權的家庭住戶，自置居所可以包括政府的資助房屋、私人住宅單位、私人別墅、平房/新型村屋等等。在一般情況下，絕大部份家庭就是自行買樓自住，或者是租住他人單位。

根據圖表2.1及圖表2.2，香港家庭數目於1998年1月時為
1,983,500戶，去到2019年2月，香港家庭數目已上升至
2,583,900戶，過去21年多，香港家庭數目累計上升約30.3%。

圖表 2.1 全港自置居所家庭比例及公營房屋自置比例
（1998年1月至2019年2月）

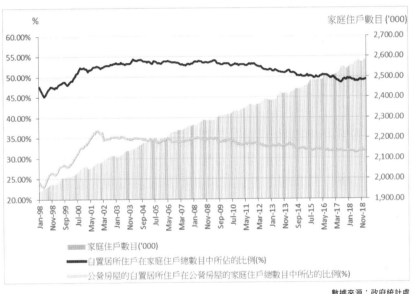

數據來源：政府統計處

樓 市 真 相 —— 傳 媒 政 府 不 告 訴 你 的 事

公私營自置居所比例須獨立分析

圖表2.1深色線就是關於自置居所住戶在整體所有家庭住戶總數目中所佔的比例（與圖表2.2深色線是一模一樣），不論是私人住宅還是政府的出售資助房屋均計算在內。自1998年5月起，相關的比例由45.2%反覆上升至2004年2月最高位的54.4%，其後持續下跌至2017年7月的48.5%，然後再輕微上升至2019年2月的49.1%。表面去看，這個整體自置居所住戶的比例的走勢好似與樓價成反比。

當然，筆者認為不能夠單單以樓價的走勢去評論這個整體自置居所住戶的比例，第一，這個整體自置居所住戶的比例同時包含了公營資助房屋內的擁有自置物業的家庭，以及私營房屋的自置家庭；其次，兩組數字變化背後的原因並不一樣。如要解釋，必須要分開公營房屋自置戶及私營房屋自置戶去看。

公營房屋自置比例受政策影響

圖表2.1淺色線是指公營房屋的自置居所住戶在公營房屋的家庭住戶總數目中所佔的比例，即公營房屋的自置居所住戶數目÷公營房屋的所有家庭住戶總數。

根據圖表2.1淺色線，公營房屋的自置居所住戶的比例由1998年4月的23.0%，急升至2001年11月最高的36.7%，主要原因與回歸後的特區政府想增加市民擁有自置居所比例而推出大量居屋（八萬五政策）、以及將部份公屋出售予租戶（租者置其屋）有關。

其後，因為樓價持續下跌引發大量負資產，政府為救樓市就於2002年11月推出「孫九招」，當中包括結束居屋計劃、結束私人參建居屋及房協資助自置居所計劃、終止出售公屋計劃等等。

自「孫九招」後，政府再沒有出售公營房屋，只有新落成公屋出租，以致公營房屋內自置戶的比例由2001年11月高位的36.7%持續下跌至2019年2月的31.9%。

儘管特首曾蔭權於2011年10月施政報告時宣佈復建居屋，但由於覓地困難及興建須時且新居屋數量其實不多，復建居屋並無提升公營房屋內自置住戶的比例。

圖表 2.2 全港自置居所家庭比例及私營房屋自置比例
（1998年1月至2019年2月）

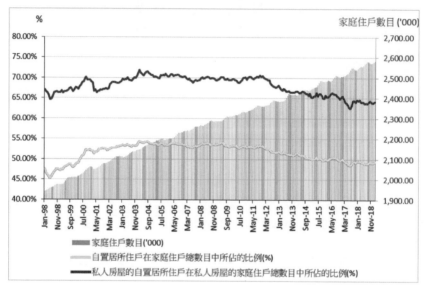

數據來源：政府統計處

私營房屋自置戶比例變化

圖表2.2及圖表2.3深色線是關於私營房屋的自置居所住戶在私營房屋的家庭住戶總數目中所佔的比例，即私營房屋的自置居所住戶數目÷私營房屋的所有家庭住戶總數。

80

筆者將 1998 年 1 月至 2019 年 2 月,關於居於自置物業內的私樓住戶家庭之比例與期間的 CCL 比較,詳情如圖表 2.3,當中發現一些以下很有趣的現象:

圖表 2.3 私營房屋自置比例與 CCL 趨勢表
(1998 年 1 月至 2019 年 2 月)

數據來源:政府統計處、中原地產

樓價跌 自置比例升

CCL由1998年1月末的69.77點，下跌2004年2月末的43.07點，最低曾跌至2003年7月末的32.14點。期間，居於自置私樓單位的家庭之比例，由1998年5月的64.6%升至2004年2月的71.9%。反映樓價下跌，居於自置私樓單位的家庭之比例則上升，主要原因在回歸初期，特區政府銳意通過增加公私樓供應去提升香港居民擁有自置單位的家庭比例。根據屋宇署數據，1998年至2003年這6年合共有170,084伙新落成私樓單位，這6年平均每年有28,347伙新落成私樓單位。由於期間推出市場的私樓單位數量大，這使到期間居於自置私樓單位的家庭之比例持續上升。

落成量跌 自置比例高位徘迴

CCL由2004年2月末的43.07點升至2011年10月末的97.94點，2004年至2011年這8年合共只有109,194伙私樓落成，期間每年平均只有13,650伙私樓落成，對比1998年至2003年每年平均有28,347伙私樓落成量，2004年至2011年每年平均落成量下跌51.8%。期間，居於自置私樓單位的家庭之比例由2004年2月高位的71.9%，下跌至2007年7月的68.8%，然後又反覆升至2011年10月的70.6%。

樓價升 自置比例呈下跌趨勢

CCL由2011年10月末的97.94點大升至2019年2月末的171.91點，但居於自置私樓單位的家庭之比例由2011年10月的70.6%，下跌至2017年6月低位的62.6%，其後再升至2019年2月的64.2%。整體而言，這段期間的私營房屋自置居所住戶的比例呈下跌趨勢，而筆者認為有以下三個原因：

部份年輕家庭難上車

由2011年至今，樓價持續上升，目前樓價水平無可避免地超越了部份新增年輕家庭的負擔能力，以致他們只能選擇租樓居住，無法買樓上車。就算某些家庭可能負擔到置業，但可能嫌樓價貴，寧租不買。這些原因亦可導致租住私樓家庭的比例上升（私樓自置家庭比例下跌）；

業主止賺變租客

樓價持續上升，其實已超越很多人認為的合理預期水平，相信有為數不少擁有自置單位的住戶先行將其自住單位出售並止賺、獲利，甚至想「向下炒」，他們然後想等樓價回跌後，再以低價回購自住樓。當出售自住樓後，這些住戶須要租樓暫住，一邊租一邊等樓價跌，這樣亦會使到私樓自置家庭比例下跌；

83

可惜，這幾年「向下炒」的炒家因樓價持續上升而損失慘重，個別「落錯車」的住戶甚至可能失去再上車的能力，但他們卻是一批優質租客；

雙租族拖低自置比例

筆者發現第三個原因目前是比較少人提及，但卻是筆者的親身經歷。樓價自2009年起持續上升，政府多次收緊按揭成數，導致樓價高的大單位的貸款成數反跌，首期比例高，再加上實施雙倍印花稅或第二標準15%從價印花稅，這些措施使到持有細單位的業主換大單位自住的難度大大增加，儘管自住細單位價格升幅較大。由於可能手上沒有足夠首期，這些對大單位有需求的住戶最後唯有只能出租其原來自住細單位，並租入租金升幅較慢的大單位自住，上述雙租安排一來一回就使到由原來的一個自住私樓家庭及一個私樓租住家庭，變成兩個私樓租住家庭，因而拖低私樓自置家庭比例。

收緊按揭政策後自置比率開始下跌

雖然筆者列出上述三個導致近年私樓自置家庭比例下降的原因，但是筆者無法知道這三個因素對私樓自置家庭比例影響的比重。

但有一點可以肯定的是，私營房屋自置居所住戶的比例自2011年10月高位的70.6%起開始下跌，而這個比率下跌的開始時間與收緊按揭的時間是非常脗合。如果各位讀者有留意，圖表1.10及圖表1.14關於收緊按揭及按保的時間，2010至2011年推出的收緊按揭措施開始變得「好辣」，尤其2011年6月將1,000萬元或以上自住物業按揭收緊至5成，以及700萬元至1,000萬元以下自住物業按揭收緊至6成但貸款額不多於500萬元，其後於2015年2月再將700萬元以下自住物業按揭由7成收緊至6成，情況猶如對有中大型單位有自住需求的家庭「再踩多腳」一樣。

至於2019年10月政府放寬按揭保險成數限制後，對自置居所比率有甚麼影響，則需待時間驗證。

2.3

供樓VS租樓──
誰負擔更重？

香港人口普查的目的，是為了收集按照香港行政區劃分佈最新的基準資料，藉此顯示香港人口的經濟和社會的特徵。統計得出來的資料也被用作研究香港人口的轉變方向及趨勢，以推算香港未來各種人口數據，而人口普查每5年進行一次。當中，人口普查統計了居住在不同類型房屋內（例如：私樓、出售資助房屋、公屋等）的家庭住屋開支及狀況，並可再細分為租住家庭及

居於自置物業的家庭，本文將主要集中分析及討論居於私樓內家庭的住屋開支狀況。

圖表2.4列出2001年至2016年人口普查關於居於私樓內家庭的住屋開支中位數及住屋開支佔其家庭收入比率中位數的調查結果，主要分開兩類家庭，第一是居於有按揭自置物業的私樓家庭（供私樓家庭），第二就是租住私樓的家庭。由於知道私樓住屋開支金額中位數及住屋開支佔其家庭收入比率中位數，因此就能推算私樓家庭收入中位數。例如，2016年私樓家庭按揭供款中位數為10,500元，而按揭供款佔家庭收入比率中位數為19%，估計居於有按揭自置物業的私樓家庭收入中位數為55,263元。

圖表2.4 居於有按揭自置物業的私樓家庭每月按揭供款、收入及負擔情況（2001-2016）
租住私樓的家庭每月租金支出中位數、其收入及租金負擔情況（2001-2016）

擁有自置物業的私樓家庭 每月按揭供款中位數 <A>				擁有自置物業的私樓家庭 按揭供款及收入比率中位數 <B>				擁有自置物業的私樓家庭 家庭收入中位數 <A/B>			
2001	2006	2011	2016	2001	2006	2011	2016	2001	2006	2011	2016
<HKD>	<HKD>	<HKD>	<HKD>					<HKD>	<HKD>	<HKD>	<HKD>
11,000	9,500	8,000	10,500	30.7%	28.6%	20.0%	19.0%	35,831	33,217	40,000	55,263
每5年之變幅								每5年之變幅			
N/A	-13.6%	-15.8%	31.3%					N/A	-7.3%	20.4%	38.2%

租住私樓的家庭 每月租金支出中位數 <C>				租住私樓的家庭 租金支出及收入比率中位數 <C>				擁有自置物業的私樓家庭 家庭收入中位數 <A/B>			
2001	2006	2011	2016	2001	2006	2011	2016	2001	2006	2011	2016
<HKD>	<HKD>	<HKD>	<HKD>					<HKD>	<HKD>	<HKD>	<HKD>
5,300	5,100	7,500	10,000	27.3%	25.2%	25.7%	30.7%	19,414	20,238	29,183	32,573
每5年之變幅								每5年之變幅			
N/A	-3.8%	47.1%	33.3%					N/A	4.2%	44.2%	11.6%

資料來源：2001、2006、2011及2016年政府人口普查

根據圖表2.4，我們可有以下發現：

租金中位數升幅拋離供款中位數

2001年按揭供款中位數為11,000元，其後下跌至2006年的9,500元，之後再2011年的8,000元，主要原因與2009年金融海嘯後歐美各國大幅減息有關。去到2016年，這個私樓家庭按揭供款中位數升至10,500元，2011年至2016年上升約31.3%。過去15年，私樓家庭按揭供款中位數累計下降500元，跌幅約4.8%。

根據2016年人口普查，私樓家庭按揭供款中位數為10,500元，讀者們可能會覺得樓價高，為何按揭供款會這麼低？有一點大家要注意，人口普查調查的對象並不只是近年才買樓的家庭，當中亦包括多年前樓價低時已買樓的家庭，因此私樓家庭按揭供款中位數會被拉低。

相反，2001年租住私樓家庭之租金支出中位數為5,300元，其後下跌至2006年的5,100元，然後上升至2011年的7,500元及2016年的10,000元。過去15年，租住私樓家庭之租金支出中位數累計上升降4,700元，升幅約88.7%。

減息下供樓家庭財富水平較高

若各位讀者有留意，人口普查由2001年至2016年的私樓家庭按揭供款中位數一直高於租住私樓家庭之租金支出中位數。惟自2011年起，私樓家庭按揭供款中位數與租金支出中位數的差距大幅收窄，主要原因與2009年金融海嘯後歐美各國大幅減息有關。

但是有一點值得注意，於金融海嘯後大幅減息，按揭供款之中絕大部份為償還本金，而貸款利息支出僅屬少部份，再加上樓價於2009年後持續上升，相對租樓支出全屬費用，一來一回擁有私樓的家庭的財富水平一定比租住私樓家庭為高。

供樓負擔跌 租樓負擔升

在住屋開支對比家庭收入的負擔上，擁有自置私樓物業的家庭之按揭供款佔其家庭收入的比率由2001年時的30.7%，持續下跌至2006年的28.6%，再下跌至2011年的20%及2016年的19%。相反，租住私樓家庭的租金佔家庭收入比率由2001年的27.3%，下跌至2006年的25.2%及2011年25.7%，其後快速上升至2016年的30.7%。

高收入家庭才有能力置業

在收入方面，居於自置私樓單位的家庭收入一直高於租住私樓家庭，某程度上反映高收入的家庭才有能力置業。以2001年至2016年，這15年擁有居於自置私樓單位的家庭收入及租住私樓家庭的收入分別上升54.2%及67.8%。

按揭貸款欠款中位數約267.2萬元

根據2016年人口普查，居於有按揭自置私樓單位的家庭之每月按揭供款中位數為10,500元，尚餘按揭供款還款年期中位數為17年，而2016年中時的按揭利率約2.15厘。因此，就能大約推算尚餘按揭貸款欠款金額中位數約2,672,000元。

業主有足夠緩衝空間應付加息

據圖表2.4，2016人口普查每月按揭供款中位數為10,500元，按揭供款佔家庭收入比率中位數為19%，因此，居於有按揭自置私樓單位的家庭收入估計大約為55,263元（10,500元/19%）。若加息3厘至5.15%，按揭供款便由目前的10,500元上升至14,954元，按揭供款對比家庭收入負擔比率會由19%上

升至約27.1%左右。綜合而言，擁有自置物業的私樓家庭供樓負擔其實並不重，以及業主普遍有較高的收入水平，擁有自置物業的私樓家庭是有足夠緩衝空間去應付因加息而產生的額外供樓支出。

2.4

供樓負擔逾7成？
謬誤！

根據香港政府2018年半年經濟報告，政府公佈截至2018年6月私樓按揭供款相對住戶入息的比率不斷惡化及已上升至74%（如圖表2.5），即是說，在現有利率水平下，私樓住戶要用74%的住戶收入去供樓，遠高於1998至2017年期間44%的長期平均水平。假如利率上升3%至較正常的水平，該比率會飆升至96%。若然上述政府半年經濟報告是正確的話，相信樓市應該是處於一個非常危險及不可能持續健康的水平，因為一個正常家庭除了住屋開支外應還有其他家庭開支，例如食物、交通、子女教育、供養父母等開支。

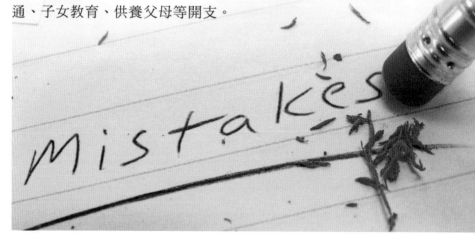

圖表 2.5 市民的置業購買力指數

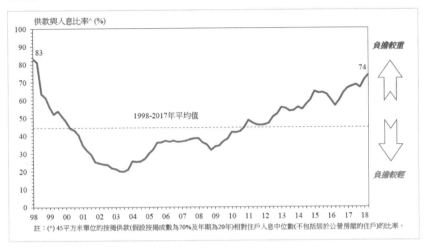

節錄自香港政府 2018 年半年經濟報告

不過筆者突然想到一個問題，金管局不是於2011年6月及2013年2月起，分別實施加息2厘及加息3厘的壓力測試，即是加息2厘或3厘後的按揭供款不得超過月入6成（在購入首個住宅的情況下），且供款年期不得超過30年嗎？試問在金管局嚴格執行加息3厘的壓力測試的情況下，如何可以在目前的按揭利率下，出現74%的供樓負擔比率呢？因為今天金管局所實施的壓力測試是在目前利率加3厘後之按揭供款不得超過月入6成，否則按揭貸款申請根本不會獲批。那麼，究竟當中出現甚麼問題？

第二章：供不起「癲價樓」？真相是……

政府假設與現實不符

經了解後，筆者強烈相信上述政府經濟報告公佈74%供樓負擔比率背後的假設存在與現實不乎的情況。為讓讀者更了解目前現實的供樓負擔比率，筆者會首先解釋政府計算私樓戶供樓負擔比率的謬誤，之後筆者會講出真正目前的供樓負擔比率。

政府公佈74%供樓負擔比率背後的假設如下：

· 45平方米單位（即實用面積約482呎）；

· 7成按揭；

· 20年供款期；

· 2018年第二季私人永久性房屋所有住戶住戶每月入息中位數：38,000元。

關於用45平方米私樓單位去計算供樓負擔比率，雖然以上車標準來說屬偏大，但筆者對此無意見。

但是，筆者覺得用7成按揭的假設其實並不合適，因為現時只有申請按揭保險才可提供7成按揭，而於2019年10月16日行政長官宣讀《施政報告》前，按保只適合600萬元或以下的物業，當月新提取按保貸款宗數只佔當月整體新提取按揭貸款宗數約10%，按保提取貸款只屬少數；其他非按保的自住樓按揭貸款

亦最多只借5-6成；其次，根據2018年6月金管局的住宅按揭每月統計調查結果，當月新批按揭時的按揭比率平均為47%。基於上述幾個原因，用7成按揭的假設去計算供樓負擔比率根本與實況並不相乎。

至於用20年按揭供款期（即240個月），筆者認為亦不恰當。首先，現在最長的貸款還款年限為30年，並非20年。根據2018年6月金管局的住宅按揭每月統計調查結果，當月新批按揭的貸款合約期平均為320個月。因此，使用20年按揭供款期的假設其實與現實狀況並不相符。

此外，用2018年第二季私人永久性房屋所有住戶每月入息中位數去計算供樓負擔比率，筆者認為亦有點不妥。因為根據筆者上一篇講及人口普查中關於住屋開支負擔比重的文章，居於自置物業的私樓家庭的收入，比租住私樓家庭為高，從2016年人口普查得知（如圖表2.4），居於有按揭自置物業的私樓家庭的收入中位數估計為55,263元，然而私樓租樓家庭之收入中位數估計為32,573元。當去計算真正的供樓負擔比率時，當然一定要用正在供樓的私樓家庭收入去計算，才會得出準確而貼地的答案。至於政府這個74%供樓負擔比率的數字，是採用所有私樓家庭的收入中位數去計算，而這個所有私樓家庭月入中位數當中，包括了收入較低且不用供樓的私樓租戶家庭去計算，試問這個74%的供樓負擔比率到底有何意義、又有什麼代表性呢？

供樓負擔應統計非假設

看到這裡，各位讀者可能會問究竟應該用什麼假設去計算供樓負擔比率才會有準確答案？筆者認為，其實最準確的供樓負擔比率並不須要用什麼假設去估算出來，而是根據每宗實際新批按揭個案統計出來。

圖表 2.6 新批出住宅按揭貸款的平均按揭成數及平均供款與入息比率

節錄自 2019 年 2 月 12 日金管局呈交立法會財經事務委員簡報會文件第 54 頁

根據2019年2月12日金管局呈交立法會財經事務委員簡報會文件（圖表2.6深色線），在2018年6月，當月新批按揭時的平均供款與入息比率只是大約為34%左右，這個數字是根據每宗真實新批按揭個案統計出來，與香港政府2018年半年經濟報告所述的74%供樓負擔比率存在重大差距，好明顯該報告內74%供樓負擔比率存在嚴重高估的情況。

另一方面，金管局於2010年8月首次收緊供款與入息上限為50%，當時，當月新批按揭時的平均供款與入息比率處於41%高位，之後下跌至2017年初最低33%水平，其後在34-35%的範圍內徘徊，變動不大，截至2018年12月，相關比率為34%。

筆者認為，香港就業狀況不錯，失業率長期處於2.8-2.9%的偏低水平，每年加薪3-4%理應不是太大問題，詳情可參考圖表2.7政府統計處就業人士名義平均薪金指數的變動。若今天平均大約用三分一人工去供樓尚算合理，雖然擔子不算太輕鬆，但起碼仍屬可應付的範圍，再計及未來加人工，理應供樓的擔子會愈來愈輕。

圖表 2.7 政府統計處就業人士名義平均薪金指數

年	季	所有選定行業主類	
		指數	按年變動 百分率
2015	第1季	147.8	+4.8
	第2季	134.0	+4.6
	第3季	136.1	+4.5
	第4季	141.9	+4.3
2016	第1季	152.5	+3.2
	第2季	139.6	+4.2
	第3季	141.7	+4.1
	第4季	147.2	+3.8
2017	第1季	157.9	+3.5
	第2季	144.9	+3.8
	第3季	146.3	+3.3
	第4季	153.5	+4.2
2018	第1季	163.8	+3.8
	第2季	150.3	+3.8
	第3季	153.0	+4.6
	第4季	159.1	+3.7

只有買家及業主可影響樓價

近年來，很多傳媒、社交平台及討論區經常會喧染樓價好貴，供樓支出及負擔相當吃力，就算不吃不喝及將所有人工儲十幾廿年都未夠錢去買樓，尤其對於一些沒有父幹支持下的後生仔，他們認為樓價水平已遠超他們的負擔水平，而且非常不合理，應該會大跌云云。

但另一邊廂，樓價卻持續不斷創新高，這一定是市場買家多於賣家，且買家願意追價的結果，如前文所述，整體大市亦沒有出現過度借貸，由於實施壓力測試，按揭申請人平均大約只用三分一人工去供樓，反映現在入到場的買家實力雄厚。看到這裡，各位讀者可能會問究竟現在樓市是安全還是危險？

筆者認為，如果要了解目前樓市安全與否，必須要集中分析業主的負債及供樓負擔狀況，只有已入場人士，即買家及業主才可以影響樓市或樓價；若然已入場的業主負債高及供樓負擔壓力沉重，這樣樓市的基本面是很脆弱。大家從傳媒、討論區及社交媒體上聽到很多對樓價太貴及太不合理的控訴、遠超正常普羅大眾的負擔水平，對於他們的控訴，筆者深深體會到並表示理解。但是，根據供求定律，只有已進場的人士才可影響價格，這些關於樓價太貴及太不合理的控訴大多是無力進場的人士，他們的控訴只會影響情緒，但不會影響價格。近年來，金管局多次收緊按揭成數及推出壓力測試，其目的就是要將無防守能力的人士排除出樓市，以免他們入市影響樓市、銀行按揭貸款質素、甚至銀行體系安全。

第二章：供不起「癲價樓」？真相是……

2.5

「高位」
入市家庭供樓吃力嗎？

過去3-4年，香港樓市一直被很多著名末日博士唱淡，他們力吹樓價與收入水平脫節，普遍市民現在要用絕大部份收入去供樓，他們更認為只要一個浪湧過來（例如：加息、佔中等），業主隨時翻艇、供唔起樓，馬上要劈價沽貨，樓價隨時要最少下跌3-5成云云，筆者聽到心都寒。但結果，2019年1月4日公佈的中原指數收報174.49點，較一年前仍上升了5.7%，儘管香港受到中美貿易戰的衝擊。究竟點解樓市在末日博士口中如此脆弱的基本因素下仍能上升5.7%呢？又或者，樓市及業主本身的基本因素並非如眾末日博士所說般的弱不禁風呢？

為了解今日樓市及業主實況，筆者會利用2019年1月4日公佈的中原城市領先指數（即CCL 174.49點，以2018年12月24-30日簽訂正式買賣合約的中原集團成交計算），去計算各大私人屋苑業主在CCL 174.49點高位下買樓的供樓負擔比率。當中筆者還須要作出一些假設，例如按揭利率、還款年期、按揭成數等，但筆者會將這些假設與現實情況比對，確保這些假設是與現實情況是一致的。

100

細看不同階層供樓負擔

心水清的讀者可能已發現，筆者在上一篇文章已提及金管局所披露 2018 年 12 月的當月新批按揭時的供樓負擔比率為 34%（如圖表 2.6 所述），業主供樓負擔狀況並不嚴重及惡劣，但為何筆者又用不同辦法去計算多一次供樓負擔比率呢？首先，筆者認為金管局所公佈的當月新批按揭時的供樓負擔比率是一個整體市場的統計數字，當中包括上車盤、中上階層屋苑、甚至豪宅，會否出現不同階層、地區的屋苑出現不同的供樓負擔比率呢？若然要知道不同階層屋苑的供樓負擔狀況，必須通過微觀

分析。其次，筆者有一個習慣，就是通過不同方法去反覆驗證同一問題，這樣就是可以確保答案的準確性。

CCL 174.49點下各屋苑供樓負擔比率計法

<假設1>

使用2019年1月4日公佈的CCL 174.49點下的成份屋苑經調整後的實用呎價；在CCL網站按進各屋苑，就能找到各指數成份屋苑的每個星期調整後的實用呎價，即2018年12月30日的調整實用呎價。

<假設2>

根據2016年人口普查網站，可以找到樣本屋苑實用面積中位數（平方米），然後將CCL 174.49點下的調整實用呎價乘以樣本屋苑實用面積中位數（平方米），就能計算出在CCL 174.49點下的樣本屋苑的平均樓價，即是：

在CCL 174.49點下的樣本屋苑的平均樓價＝2016年人口普查實用面積中位數（平方米）×CCL 174.49點下的調整實用呎價×10.764

以東區和富中心為例，CCL 174.49點下經調整的實用呎價為17,621，2016年人口普查實用面積中位數為81平方米，因而就能估計，在CCL 174.49點下和富中心的平均樓價為15,363,555（17,621.10×81平方米×10.764）。

＜假設3＞

根據目前金管局的最高按揭成數規定，去估算CCL 174.49點下各屋苑平均樓價下的最高按揭貸款金額，筆者強調的是最高按揭貸款金額，假設買家在不使用按揭保險的情況下借到盡，這樣就能確保供款金額沒有被低估，但現實情況是截至2018年12月新批按揭貸款之平均Loan-to-Value Ratio卻只是46%（如圖表2.6），低於借到盡的貸款成數水平。

而金管局最高的按揭成數規定，如下：

樓價 < 700萬元	60%
樓價 ≥ 700萬元至 < 1,000萬元	60% （但貸款金額不得超過500萬元）
樓價 ≥ 1,000萬元	50%

以上述和富中心的例子，最高可借5成，因此最高貸款金額為
7,681,778元（15,363,555元 ×50%）。

＜假設4＞

為何筆者沒有包括按揭保險在上述分析的假設內？第一，按揭
保險提取貸款佔整體提取貸款的比例，由2009年初的約20%，
持續下跌至2018年12月約佔10%的低位附近水平徘徊（如圖
表1.12），使用按保只屬少部份。況且筆者97個樣本屋苑中，
平均樓價在600萬元或以下可借按保的屋苑只有17個（當時仍
未放寬按保限制置1,000萬元以下物業）。因此，筆者認為假設
沒有按保在分析內也尚算合理。

＜假設5＞

假設平均貸款年期為320個月，即26.7年。根據金管局住宅按
揭調查，2018年12月的平均貸款時期為320個月。因此，平均
貸款年期為320個月是一個與現實相乎的假設。至於按揭利率，
筆者使用目前普遍封頂最優惠利率的2.375厘去計算按揭供款。

以和富中心的例子，7,681,778元貸款，320個月及2.375厘
按息，每月按揭供款為32,427元，因此，32,427元為CCL
174.49點下其中一個成份屋苑的按揭供款。當然，上述計算會
擴至其餘96個中原指數成份屋苑。

＜假設6＞

根據2016年人口普查調網頁，會列出所有人口超過3,000人或住戶數超過1,000戶的私人屋苑的統計數字。其中，會列出家庭住戶每月按揭供款中位數及按揭供款與收入比率中位數。以和富中心的例子，2016年6月人口普查時的數字，如下：

家庭住戶每月按揭供款中位數：16,000元

按揭供款與收入比率中位數：20.4%

即在2016年6月普查時，和富中心正在供樓的自置戶之家庭收入中位數應約78,431元（16,000元/20.4%）。

但是，筆者並不會以2016年6月的私宅自置戶的家庭收入中位數，去除以CCL 174.49點下的供樓負擔比率，因為2018年12月的家庭收入水平一定高於2016年6月進行人口普查的水平，因為有加人工的因素，筆者會假設各屋苑的自置戶家庭收入每年增長4%，為期3年。筆者認為因為期間香港經濟增長不錯，香港失業率一直維持在2.8-3.0%近乎全民就業的低水平，市民收入理應有不錯的增長。根據就業人士名義平均薪金指數（圖表2.7），2015年至2018年的薪金指數按年計約有4%增長。

以和富中心的例子，2016年6月人口普查時的供緊樓自置戶家庭收入中位數為78,431元，以3年複式增長4%計，2018年12月估計的家庭收入約88,225元（78,431元×1.04³），CCL 174.49點、320個月還款期、2.375厘下的每月供款為32,427元，因此在CCL 174.49點下，2018年12月和富中心在CCL 174.49點下的供樓負擔比率36.8%。

如是者，將2016年人口普查的所有私人屋苑（人口超過3,000人或超過1,000戶家庭）與中原城市領先指數的成份屋苑比較，當中兩者有97個屋苑是重疊的，用上述和富中心的例子及方法進行供樓負擔比率的計算，就能知道CCL 174.49點下的各大型屋苑的供樓負擔比率。而有一點筆者要強調，筆者上述分析方法及所用的假設，是與今天樓市的現實情況是一致，而這點是很重要。否則，如使用一些遠離現實的假設，就只會出到一些毫無意義、脫離現實的74%供樓負擔比率，詳情可參閱上一篇文章《供樓負擔逾7成？謬誤！》。

分析結果及發現

綜合上述推算方法及假設，97個大型屋苑在CCL 174.49點、2.375%按息、320個月還款期下的供樓負擔比率之平均數及中位數，分別為30.0%及29.2%，普遍大型私人屋苑的供樓負擔情況其實並不嚴重，可以說是十分健康的水平，詳細分析可參閱圖表2.8。

圖表 2.8 在 CCL 174.49 點下的 97 個私人屋苑供樓負擔比率的分佈

供樓負擔比率	屋苑數目
15.1%-20%	1
20.1%-25%	15
25.1%-30%	42
30.1%-35%	25
35.1%-40%	6
40.1%或以上	8
合計	97
97 屋苑供樓負擔比率之平均數	30.00%
97 屋苑供樓負擔比率之中位數	29.20%

不同樓價水平屋苑的供樓負擔情況

由於進行了全港 97 個屋苑的供樓負擔比率的分析，筆者就嘗試以不同樓價水平、按港島、九龍、新界及不同區域去分析相關的供樓負擔比率，詳情如圖表 2.9-2.11。整體而言，港島、九龍、新界之間在供樓負擔比率上沒有太大差距，不過港島區供樓負擔最高，九龍區中間，反而是新界區最低。至於區議會分區的供樓負擔比率，可參閱圖表 2.10。

圖表 2.9 在 CCL 174.49 點下的 97 個私人屋苑供樓負擔比率按港九新界的分佈

按港九新界之供樓負擔情況	供樓負擔比率平均數	屋苑數目
港島區	30.70%	18
九龍區	31.20%	25
新界區	29.30%	54
- 新界東	28.70%	25
- 新界西	29.80%	29

圖表 2.10 在 CCL 174.49 點下的 97 個私人屋苑供樓負擔比率按不同區議會分區的分佈

按區議會分區之供樓負擔情況		供樓負擔比率平均數	屋苑數目
港島區	中西區	33.90%	3
	東區	29.50%	10
	南區	31.10%	5
九龍區	油尖旺	37.50%	6
	九龍城	33.90%	6
	黃大仙	28.40%	2
	觀塘	25.50%	5
	深水埗	27.80%	6
新界東	北區	28.30%	3
	大埔	30.40%	3
	沙田	28.30%	14
	西貢	28.90%	5
新界西	荃灣	28.30%	10
	葵青	29.70%	5
	元朗	32.00%	5
	屯門	29.40%	7
	離島	33.10%	2

從圖表2.11去看，反而有個頗有趣的現象，就是樓價愈高，相關供樓負擔比率愈高，不過不同價格層住宅物業的供樓負擔比率差距並不太多，高低差距只有2.5%。

圖表2.11 在CCL 174.49點下的97個私人屋苑供樓負擔比率按不同樓價水平的分佈

不同樓價水平之供樓負擔情況	供樓負擔比率平均數	屋苑數目
600萬元或以下	29.00%	17
600.1萬元-700萬元	29.20%	21
700.1萬元-1,000萬元	29.80%	29
1,000萬元以上	31.50%	30

2.6

近年按揭拖欠
比率接近零

筆者在前文花了不少篇幅及以多個角度去分析目前業主的供樓負擔水平及狀況，包括從人口普查、金管局當月新批按揭時的供樓負擔比率數據，以及用筆者自創的方法去估算CCL 174.49點下的供樓負擔比率，其目的就是要從多個不同角度去「直接」分析業主們的供樓負擔比率及狀況。要知道業主的供樓負擔是輕是重，其實還可以從另一個「間接」的角度去看，就是

看按揭拖欠比率。若樓價太高令業主負債及供樓開支過重，而且根本沒有預留足夠應急儲備，當遇到逆境及經濟轉差時（例如加息、失業、減人工等），業主就很容易因供樓負擔沉重而出現延遲還款的情況，從而導致按揭拖欠比率急速上升。因此，按揭拖欠比率高與低很大程度上可以反映目前供樓負擔狀況。

按揭拖欠比率與樓價的關係

金管局於1998年6月開始公佈住宅按揭拖欠比率。從圖表2.13看，住宅按揭拖欠比率與樓價（CCL）有著明顯且密切的關係。由1998年6月至2001年5月，CCL由55.23點跌至44.06點，期內CCL跌幅約20.2%，期間住宅按揭拖欠比率由1998年6月的0.29%（拖欠超過3個月）及0.08%（拖欠超過6個月），大幅升至2001年5月最高位時的1.42%（拖欠超過3個月）及0.92%（拖欠超過6個月），上升幅度分別約389.6%及1050%。

自2001年5月後，CCL由44.06點持續下跌至2003年7月的32.52點，儘管樓價由2001年5月再持續下跌，但按揭拖欠比率由2001年5月時的最高位開始輕微回落，至2003年5月時的1.16%（拖欠超過3個月）及0.73%（拖欠超過6個月）。

2003年沙士後，香港樓市、經濟及市民收入水平持續改善，按揭拖欠比率持續下跌，尤其自2009年金融海嘯及各國大印張紙及量化寬鬆後，金管局多次收緊按揭成數及推出壓力測試，使

到財力及收入較差的人士不能取得銀行按揭貸款置業，由於只有財力及收入較佳的人才可獲得貸款，近期按揭拖欠比率更跌至只有0.01-0.02%，由於近年按揭拖欠比率處於近乎零的水平，其實間接反映目前供樓負擔比重並非處於不合理的水平。

圖表2.12 住宅按揭拖欠比率與CCL的趨勢 （1998年6月至2018年12月）

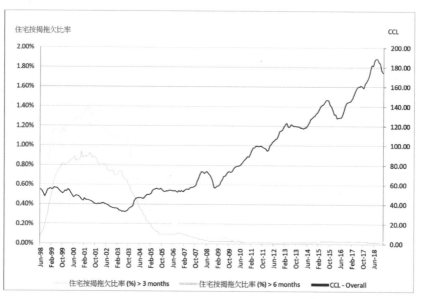

資料來源：金管局、中原地產

從過去20年的走勢看，樓價與按揭拖欠比率有著非常明顯直接的關係，拖欠比率愈升，樓價則愈跌。到底為何會出現這種情況？

1997年樓市爆煲基本上同「借大咗」有關。由於當時普遍業主的借貸水平遠超其還款能力，再加上亞洲金融風暴，香港經濟急速衰退，業主收入下降且失業上升，再加上「借大咗」，供樓負擔遠超可承擔的水平，以致當時按揭供款拖欠及斷供的個案大幅上升。然後銀行便會向斷供且無力還款的業主收樓，並以銀主盤出售，銀行為求盡快收回欠款，很多時候銀行不惜劈價放售，由於當時銀主盤供應多，以致使到當年樓價便會愈賣愈跌、愈跌愈賣的情況。

看到這裡，心水清的讀者可能會問，上述情況是樓價在1997-2003年「借大咗」下大跌時的按揭拖欠比率的情況，但自2009年金融海嘯後樓價大升，在持續的大升市下，加按套現非常容易，可能有人不斷加按套現及將貸款疊上去以應付之後的按揭供款，斷供及拖延供款的個案一定很少很少云云。筆者認為，在正常的情況下，加按套現在升市時是相對容易，這點是對的。但是，自2009年後，政府多次收緊按揭成數，以及推出及收緊壓力測試，以確保借貸人有足夠收入去應付供款。至於沒有充足收入的按揭申請人，根本無法取得按揭貸款。

按揭拖欠比率與失業率的關係

一般而言，很多人都認為失業率升，按揭拖欠比率就會自然跟隨上升，因為失業率升代表經濟差，普羅市民（包括業主）收入轉差，延遲及拖延供款的個案便會上升，反之亦然。持上述看法的人可能只考慮收入因素去評估還款能力，他們認為收入轉差，就會影響按揭拖欠比率云云。

但筆者認為，要準確評估一個人的還款能力（包括能否準時還款），除了考慮收入因素外（即Profit and Loss, P&L），還要考慮還款人的資產負債水平（即Balance Sheet），因為資產負債表水平健康與否，可以影響一個人於逆境（例如：失業率高企、打工仔收入轉差）時的還款能力。因此，在筆者開始分析按揭拖欠比率與失業率的趨勢及關係之前，希望讀者能留意。

圖表 2.13 住宅按揭拖欠比率與失業率的趨勢
（1998年6月至2018年12月）

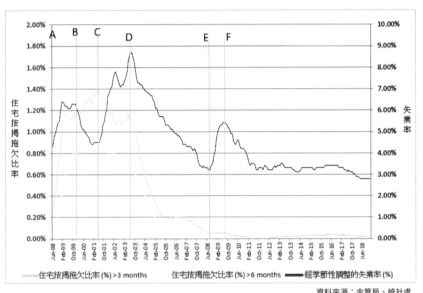

資料來源：金管局、統計處

1998年6月-1999年12月（圖表2.13內A-B的時段）

1998年6月失業率由4.3%升至1999年12月的6.3%，超過3個月及超過6個月的按揭拖欠比率分別由期初的0.29%及0.08%，大幅升至期末的1.13%及0.79%。由於香港當時股市、樓市及經濟因「借大咗」而爆煲，再上1997年金融風暴，亞洲各國相繼爆煲，以及1998年國際炒家對香港發動新一輪進攻，大手沽空港匯及港股，以致香港經濟元氣大傷，個人及公

司須減消費及減投資去減債，再加上香港剛經歷完爆煲及資產負債表狀況頗弱，以致當時失業率急升同時扯高按揭拖欠比率。

若然讀者參考第一章圖表1.2及1.3關於認可機構存款、貸款、淨存款（貸款）總額、香港本地生產總值及認可機構貸存比率的數據，1997至1998年銀行貸存比率由155%跌至112%，仍處出現貸款高過存款的情況，儘管淨貸款持續下跌。

1999年12月-2001年6月（圖表2.13內B-C的時段）

1999年12月失業率由6.3%跌至2001年6月的4.5%，這應與科網股熱潮有關，但超過3個月及超過6個月的按揭拖欠比率分別由期初的1.13%及0.79%，再輕微升至期末的1.35%及0.90%，出現失業跌但拖欠比率上升的倒掛現象。

筆者估計，由於該段期間仍是1997-1998年爆煲後的初期階段，儘管失業率因短暫的科網熱潮而下跌，但業主當時「借大咗」的情況並未改善，以及「減債」仍未處理好。正如文章開始所述，1997年爆煲與「借大咗」有關，當時業主借貸水平遠超其還款能力。在爆煲後的初期，業主須減投資、減消費、甚至被迫出售資產去減債，但總有一大批人因無力還債而被迫拖延還款，按揭拖欠比率自然就上升。

2001年6月-2003年7月（圖表2.13內C-D的時段）

在這2年期間，香港受科網泡沫爆破、911事件、沙士影響，失業率由4.5%大升至8.7%，但超過3個月及超過6個月的按揭拖欠比率分別由期初的1.35%及0.79%，卻輕微下跌至期末的1.10%及0.66%。

失業率大升，家庭收入應該大跌，理論上，按揭拖欠情況應變差才對，但2001年中至2003年中的按揭拖欠比率反而卻微微改善，唯一解釋係業主資產負債情況已由谷底慢慢改善，儘管失業率上升。

2003年7月-2008年8月（圖表2.13內D-E的時段）

2003年7月失業率由8.7%跌至2008年8月的3.2%。但超過3個月及超過6個月的按揭拖欠比率分別由期初的1.10%及0.66%，明顯大幅下跌至期末的0.05%及0.02%。

從上述看，在1998年6月至2008年8月按揭拖欠比率與失業率的長遠走勢大致上是同步，即失業率升（跌），按揭拖欠比率升（跌）。短期而言，亦可以出現如1999年末至2001年中及2001年中至2003年中的按揭拖欠比率與失業率的倒掛現象。筆者認為，這兩個倒掛現象的成因可能與「借大咗」須減債的初期、剛完成減債有關。因此，按揭拖欠比率的變化因素除了要留意失業率及家庭收入情況外，其實還要留意業主個人的資產負債狀況。

如果對比第一章圖表1.2及1.3，淨存款持續增加由2003年12月末的15,310億元，升至2008年12月的27,760億元，而淨存款佔本港GDP的比率由2003年的121.8%升至2008年的162.62%，反映香港整體資產負債狀況（即Balance Sheet）正不斷加強，似乎經歷過1997-2003年的大跌市後，香港人對借貸變得非常審慎及保守，因此期間按揭拖欠比率大幅下跌。

2008年7月-2009年8月（圖表2.13內E-F的時段）

在這段期間，香港亦無可避免受到金融海嘯所衝擊，失業率由2008年7月的3.2%短時間內大幅急升至2009年8月5.4%。但是，該段期間的按揭拖欠比率沒有明顯上升且一直處於0.05%（超過3個月）及0.02%（超過6個月）的極低水平。筆者認為，這個現象除了與失業率急升只維持了1年的短暫時間外，更與業主擁有強勁的財力去抵抗逆境有關。

參考圖表1.2及1.3，截至2008年12月，香港銀行體系之存款與貸款分別有60,600億元及32,840億元，淨存款約當年GDP的162.62%， 與1997年淨貸款約GDP的105.97%相比，2008-2009年香港資產負債水平比1997年時有著差天共地的分別，而這個約GDP1.6倍淨存款的健康資產負債狀況足以使到香港可以安然渡過由海外引發的金融危機。

圖表 2.14 信用卡貸款季度拖欠比率與失業率的趨勢圖表 (2000年12月至2018年12月)

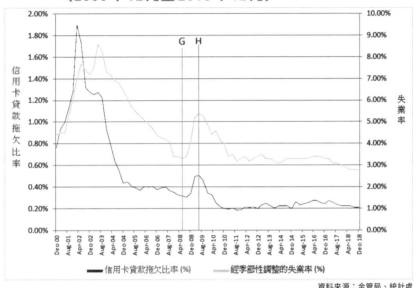

資料來源：金管局、統計處

其實在金融海嘯失業率急升的期間，覆蓋普羅市民大眾的信用卡貸款，其拖欠比率跟隨失業率而急升，由2008年9月的0.31%急升至2009年6月的0.51%，如圖表2.14內G-H的位置。但是，住宅按揭拖欠比率在這段失業率急升期間卻可穩定地維持在0.02%-0.05%的極低水平，證明業主比普羅大眾有較強的財力去應付逆境。

2009年9月-2018年12月（圖表2.13內F之後的時段）

在2009年金融海嘯過後，歐美日中等各國相繼推出多項大幅減息及量化寬鬆措施去救市，全球經濟因而復蘇及開始增長，香

港亦不例外，香港失業率由2009年8月的5.4%下跌至2018年12月的2.8%。同時，因為其後樓價急升，金管局嚴厲實施多輪收緊按揭成數措施、推出及多次收緊壓力測試及按揭信貸資料庫去控制樓市借貸，而這些限貸措施在2009年金融海嘯爆發前是沒有的，因此，筆者十分相信現在樓市是比過去任何時候更加安全，而住宅按揭拖欠比率更由2009年的0.05%（超過3個月）及0.02%（超過6個月）的極低位，再下跌至2018年12月的0.02%（超過3個月）及0.01%（超過6個月）。

目前供樓負擔水平合理健康

儘管近年樓價急升且升幅非常驚人，但由於金管局實施多輪收緊按揭的限貸措施，使到現在能入場的買家擁有較佳的收入及財政狀況，以應付逆境。由於他們普遍有很強的財力及防守力，以致使到近年的住宅按揭拖欠比率處於近乎零的非常健康水平。同時，住宅按揭拖欠比率能間接地反映業主的供樓負擔狀況，若綜合筆者前幾篇關於供樓對比收入比率的文章，目前業主供樓負擔水平合理及健康。

2019年下半年，香港經濟受反修例風波所影響而轉差，未來香港失業率將呈上升趨勢，相信沒有任何懸念。反而，有一點值得大家留意，就是失業率上升究竟會否導致住宅按揭拖欠比率大幅上升。筆者認為，若然未來住宅按揭拖欠比率沒有因失業率上升而大幅上升（如2008年的情況一樣），樓市未來應該可以保持穩定。

人工無增長？
事實並非如此

一直以來，我們很多時候會在報章、討論區及社交媒體看到一些人的控訴，主要是說香港就業環境不太好，人工又無增長，樓價升幅遠遠快過人工，現在好難上車云云。但是，究竟香港家庭或者打工仔過去多年的收入變化狀況是如何呢？

筆者認為，家庭或打工仔之收入變化對分析樓市狀況有很大的啟示。如果香港家庭或者打工仔的收入增長不錯，對買樓上車自住及換樓改善居住環境等會有一定的需求。其次，當住戶收入狀況不錯及有一定的儲蓄，就會想如何運用儲蓄投資保值，樓市過去多年一直保持穩定上升的趨勢，而且香港住宅放租容易，在低息環境下租金收入足夠應付供樓有餘（尤其早年買入的單位），買樓投資收租當然是一個不錯的儲蓄選擇。因此，本篇文章將會從兩個角度去分析香港家庭或者打工仔歷年的收入變化。

高收入家庭增長拋離低收入家庭

首先，筆者會利用政府統計處「按住戶每月入息劃分的季度家庭住戶數目」統計，去分析不同入息水平的家庭住戶數目及相關變化。根據圖表2.15，2010年第四季香港有233.04萬個家庭住戶，去到2018年第四季，上升至257.16萬戶，累計8年上升24.12萬戶約10.4%。若然，以不同每月入息水平去看家庭住戶之數目變化，大家會發現一個普羅大眾較難接受的現象，就是高收入家庭的數目增長速度遠遠拋離低收入家庭，甚至最低收入水平的家庭數目更出現大幅倒退，雖然低收入的家庭數目仍佔整體中的大部份。

在2010至2018年第四季這8年期期間，按住戶每月入息的家庭住戶數目變化狀況如下：

· 住戶月入低於20,000元的數目累計下跌29.95萬戶，跌幅約24.3%；

· 住戶月入介乎20,000-29,999元的數目累計下跌0.31萬戶，跌幅約0.8%；

· 住戶月入介乎30,000-39,999元的數目累計上升8.69萬戶，升幅約35.7%；

· 住戶月入介乎40,000-59,999元的數目累計上升19.44萬戶，升幅約85.8%；

· 住戶月入介乎60,000-79,999元的數目累計上升10.43萬戶，升幅約107.7%；

· 住戶月入介乎80,000-99,999元的數目累計上升5.29萬戶，升幅約112.3%；

· 住戶月入不少於100,000元的數目累計上升10.53萬戶，升幅約141.5%；

從上述數字可以看到，過去8年香港中、高收入家庭住戶數目增長強勁且每年的增長步伐都十分不錯，反映香港經濟發展相當不錯。

私樓新供應不足以應付需求

由於圖表2.15已分析按不同住戶每月入息水平的家庭住戶數目變化，筆者想再進一步將每年新增家庭數目與每年新落成私樓數量去比較。結果發現，2011-2018年這8年間，平均每年新落成私樓數量只有1.35萬伙，而同期的每月入息10萬元以上之平均家庭數目增幅已經達1.32萬戶，即是說，過去8年，每年新落成私樓數量僅僅只應付到新增的每月入息10萬元以上的家庭。若以月入8萬元或以上的家庭住戶增長去計算，過去8年平均每年增長已經達1.98萬戶，私樓新供應其實已經不能應付，不要忘記月入8萬元的家庭並無資格申請居屋及公屋，他們只能投入私樓市場。

有這情況下，新樓一定以最豪華的包裝去吸引及賣給市場上最能付鈔及最頂端的買家。由於香港住宅供應持續短缺，且新供應遠遠不足以應付新增需求，要推升樓價，其實並不須要很多買家，只要收入動力最高的住戶能負擔到，就可以推動樓市上升。

圖表 2.15 政府統計處按住戶每月入息劃分的季度家庭住戶數目、其數目變幅及每年私樓落成量 (2011年12月-2018年12月)

按年入息的薪俸稅評稅的納稅人數目	2008/09	2009/10	2010/11	2011/12	2012/13	2013/14	2014/15	2015/16	2016/17
HK$210,000 或以下	431,391	473,736	488,906	514,937	425,765	447,968	445,915	448,632	359,880
HK$210,001 - HK$300,000	320,541	314,118	338,101	348,691	335,910	359,329	368,505	380,902	353,077
HK$300,001 - HK$500,000	350,615	360,012	386,584	416,341	440,037	466,784	506,349	505,389	495,119
HK$500,001 - HK$800,000	153,119	154,154	169,945	199,347	221,695	243,274	266,499	294,370	317,643
HK$800,001 - HK$1,500,000	82,552	82,866	89,312	101,696	114,512	124,151	136,571	149,189	161,884
> HK$1,500,000	39,674	40,900	47,860	52,933	57,144	61,279	67,351	73,260	76,940
整體薪俸稅納稅人數	1,377,892	1,425,786	1,520,708	1,633,945	1,595,063	1,702,785	1,791,190	1,851,742	1,764,543
基本免稅額 (HK$)	108,000	108,000	108,000	108,000	120,000	120,000	120,000	120,000	132,000

樓市真相 —— 傳媒政府不告訴你的事

高收入納稅人增長跑贏平均水平

在這部份，筆者會以不同收入水平去分析薪俸稅納稅人人數及其人數變化。但讀者可能會問，筆者不是在前半部份已經分析了統計處不同入息水平的家庭住戶數目及其變化，為何又多此一舉去用另一不同數據去分析相類似的收入狀況？筆者認為，要確定現實世界的實況，必須要以不同角度及不同來源的資料去反覆驗證，以及多找另一組數據去查證，從而希望得出更準確的結論。而且稅局薪俸稅納稅人人數是根據每個納稅人的報稅表內的所申報的收入數據統計出來，加上報稅表須由納稅人簽署作實及有法律責任確保資料真確無誤，稅局薪俸稅納稅人的收入數據一定是最準確的。雖然稅局數據最準確，但不足之處是稅局數據並不如統計處般及時，筆者執筆之時大約在2019年5月中左右，而最新薪俸稅納稅人數數據只包括至2016/17財政年度，即2016年4月1日至2017年3月31日止。因此，使用數據分析時，要知道數據背後的特性，很多時候要在及時性及準確性之間取得平衡。

圖表 2.16 按年入息的薪俸稅稅評的納稅人數目及其數目按年計之變化

按年入息的薪俸稅稅評的納稅人數目 之按年計變化	2009/10	2010/11	2011/12	2012/13	2013/14	2014/15	2015/16	2016/17	2009/10至 2016/17 累計變幅
HK$210,000 或以下	9.8%	3.2%	5.3%	-17.3%	5.2%	-0.5%	0.6%	-19.8%	-16.6%
HK$210,001 - HK$300,000	-2.0%	7.6%	3.1%	-3.7%	7.0%	2.6%	3.4%	-7.3%	10.2%
HK$300,001 - HK$500,000	2.7%	7.4%	7.7%	5.7%	6.1%	8.5%	-0.2%	-2.0%	41.2%
HK$500,001 - HK$800,000	0.7%	10.2%	17.3%	11.2%	9.7%	9.5%	10.5%	7.9%	107.4%
HK$800,001 - HK$1,500,000	0.4%	7.8%	13.9%	12.6%	8.4%	10.0%	9.2%	8.5%	96.1%
>HK$1,500,000	3.1%	17.0%	10.6%	8.0%	7.2%	9.9%	8.8%	5.0%	93.9%
整體薪俸稅納稅人數	3.5%	6.7%	7.4%	-2.4%	6.8%	5.2%	3.4%	-4.7%	28.1%

註：節錄自歷年稅務局年報

從圖表2.16的數字去看，2009/10至2016/17的8個課稅年度，整體薪俸稅納稅人數增長約28.1%。按不同收入水平的納稅人數目變幅如下：

· 年收入210,000元或以下之薪俸稅納稅人數目下跌約16.6%；

· 年收入介乎210,001-300,000元之薪俸稅納稅人數目上升約10.2%；

· 年收入介乎300,001-500,000元之薪俸稅納稅人數目上升約41.2%；

· 年收入介乎500,001-800,000元之薪俸稅納稅人數目上升約107.4%；

· 年收入介乎800,001-1,500,000元之薪俸稅納稅人數目上升約96.1%；

· 年收入1,500,000元以上之薪俸稅納稅人數目上升約93.9%；

綜合圖表2.15統計署及圖表2.16局年報的數據，都同樣顯示高收入的納稅人及家庭住戶的增長幅度是最大，且大幅跑贏整體平均增長水平。

可排除樓市大跌風險

到目前為止，筆者第一章內的文章主要分析業主及買家的負債水平健康與否，而第二章則探討業主之供樓負擔及收入狀況。由於物業買賣涉資金額較大，絕大部份均以銀行按揭貸款以完成交易。當知道目前業主負債水平不高甚至相當低，再加上業

主供樓負擔不重且其收入增長不錯，首先基本上已經可以排除樓市出現大跌風險的情況。

再進一步去看，業主低負債水平其實反映他們擁有很高的淨資產水平（淨資產＝總資產-總負債），再加上樓價及資產水平持續上升，就會誘使持有資產的人士再投資及買多間收租，財富效應就會出現，而財富效應會衍生購買力，君不見今天有很多父幹、母幹資助子女上車入市的個案。但是，政府推出雙倍印花稅及第二標準15%從價印花稅去打擊「再投資」及「買多間」的意欲，再加上金管局過去多次嚴厲收緊按揭，已經限制投資者不可能衝動地盲目投資買樓及過度借貸，令到樓市變得更「實的的」及更安全。

現在樓價水平之高，筆者有點覺得現在單憑人工增長甚至升職去買樓上車，其實已經變得相當困難。現在準上車人士要上車，困難不在於他們有否足夠收入去供樓，最困難的地方是準上車人士根本拿不出高成數的首期，尤其政府過去多年在樓價持續上升下不停收緊按揭成數。另一方面，政府多次收緊按揭及推出正面信貸資料庫，變相令到買樓人士要借錢變得很難及他們要擁有高成數首期的準備，但是樓價在這些限制措施下仍能持續上升，反映現在置業人士是很有錢及富有。若然讀者要問筆者，影響樓價的因素究竟是現在香港高財富水平，還是高收入水平及增長，筆者認為一定是高財富水平對樓價的影響力是較大。

第 三 章

未來樓宇供應大增？
真相是……

3.1

樓價高企
主因是供不應求

過去多年，樓價急升，很多人歸咎於炒家當道，樓價因被投機者囤積居奇而炒高；其次，普羅大眾及傳媒亦說樓價亦因為大陸人蜂湧來香港買樓而導致樓價上升；之後，又有人話，由於低息環境，樓價亦因太多投資者湧去買樓長線收租而被推升。因應上述種種原因，政府推出多項辣招印花稅去打擊短線炒賣的投機者、境外買家（尤其大陸買家）、公司買家及長線收租的

投資者，甚至多次提高各項辣招的稅率，同時亦不斷收緊不同種類置業人士的按揭（包括用家及換樓客），希望可以為樓市降溫。可是，香港樓價並未因各項辣招印花稅及按揭收緊措施而降溫，反而市場很快適應上述調控措施，樓價便跟著節節上升。後來大家終於找到答案，樓價上升的其中一個主要原因是供不應求，這點去到今天相信應該無人會異議。筆者會在本章進行以下分析去探討香港私樓供不應求的狀況：

第一，大多數人今時今日都知道導致樓價高企的其中一個原因是供不應求。在現實中，相信沒有人可以畫到香港樓市 Demand Curve 及 Supply Curve，去找出樓市供不應求的實況。筆者認為要知道目前樓市的供求情況，其實大家可以分析現存及已落成私樓的空置率及其變化，空置率是房屋供應及自住剛性需求合成後的結果。如果自住需求大、現存私人住宅供應量少，空置率會跌，反之亦然。很大程度上，空置率高與低反映住宅市場究竟是供不應求、還是供過於求。筆者會在本章結合不同大小私樓單位的租金指數及售價指數，去詳細分析不同大小私樓的空置率及其變化趨勢。

其次，要解決私人住宅供不應求的狀況，唯一的方法就是要增加供應。在本章，筆者會通過分析歷年私樓的施工量及政府每季賣地計劃下的各項土地來源的可建屋量，嘗試去預測短期及中期私宅的未來落成量。

3.2

空置率
反映供求及泡沫

筆者認為，空置率在樓市分析中有非常重要的作用。第一，在現實中相信沒有人能夠根據經濟學理論去畫出 Demand Curve 及 Supply Curve，去準確計算樓市是否處於「供不應求」或是「供過於求」。既然如此，筆者認為要知道樓市目前供求狀況，倒不如留意空置率，某程度上，空置率是反映房屋供應及自住剛性需求合成後的結果。如果需求大及供應少，空置率會跌，樓價及租金就會升，反之亦然。正如目前香港樓市的狀況，雖然每年不斷有新落成的私樓單位，但空置率卻年年下跌，即代表目前仍是私樓吸納量高於新落成量，處於供不應求的狀況。因此，筆者認為空置率是一個關鍵指標反映樓市是否處於「供不應求」或是「供過於求」的狀況。

以空置率衡量泡沫

第二，要評估樓市健康與否，以及泡沫是否存在，不外乎看看業主及整體經濟負債情況及財富水準、供樓負擔比率、利率等，但很多人忽略以空置率去衡量樓市是否有泡沫存在。從過

去樓市泡沫爆破去看，很多時候都會有以下一個現象出現：樓價可以單憑一個虛無飄渺的概念而「炒」到上天（例如：開賭場、辦奧運等等）。但房屋建出來之最終目的就是供人居住，當買家盲目地純因升值預期而買，市場卻沒有實質的自住需求，發展商卻為了這些盲目的投機需求而不斷起樓，這樣就會導致空置率急速上升。但是，房屋始終是用來供人居住的，當空置率高企且沒有實質自住需求支持，租金及樓價很容易因為一些事件（例如：債務水平過高而出現債務危機、經濟倒退等）而急速下跌，尤其在樓價處於不合理地高的價格水準下。

以下是一些過往外國及香港樓市泡沫爆破的例子：

西班牙的樓市泡沫

據一些2013年的報導，西班牙房地產泡沫是在2001至2007年吹起的。那幾年，西班牙住宅價格上升了約150%，部份地方更達兩倍以上。泡沫破滅後，即使是首都馬德里、巴塞隆納的住宅價格，也累計下跌30%以上，在供應過剩的華倫西亞等城市，房價最大跌幅達70%以上。房價快速下跌，不僅導致不少房企破產、城市就業下降，而且也逼使銀行收回開發商貸款違約的地盤。此外，根據西班牙國家統計局發佈的住房調查報告，2011年底西班牙共有空置住房344萬套，佔全部住房的13.7%；在2002-2011年西班牙房地市場由加速發展到最終崩潰的過程中所建的所有住房中，18.5%成為空房。據西班牙《五日報》分析，如果按照目前每平方米1,500歐元的平均房價計算，西班牙空置住房的總值約5,272億歐元，幾乎佔GDP的一半。

美國樓市海嘯後的房屋庫存量

根據圖表3.1，金色部份為2000-2012年美國現有房屋庫存量（以多少個月的需求吸納量計算），在過去的12年，正常現有房屋庫存均少於10個月需求量。

但是，在美國樓市泡沫爆破後，灰色部份為因被強制收樓及拖欠超過90天所產生的影子存貨；在2011年最高水平時，影子

存貨與現有房屋庫存合共有接近60個月的需求量,比正常的庫
存量多出5-6倍。因而會出現高空置的情況。

曾聽說,由於在美國因欠款而被收回的房屋數量實在太大,為
避免不法份子使用這些空置房屋及為方便銀行易於管理,銀行
更需要清拆低價值的被強制收回的房屋。可想而知,當時美國
某些地區的空置情況有多嚴重。

圖表3.1 美國樓價與房屋庫存比較

節錄自:Page 15, Briefing to the Legislative Council Panel on Financial Affairs (15 Dec 2011),
  Hong Kong Monetary Authority

1997-2003年的香港樓市

圖表3.2為CCL及差估署整體空置率按整年計的趨勢圖表，時期由1997年12月至2018年12月。由於空置率是由自住剛性需求與房屋供應合成後的結果，筆者認為空置率與樓價有很強的關聯性。正如1997-2003年，私樓及居屋每年分別平均供應23,000伙及17,000伙，當時住宅供應量大且吸納量少，導致空置上升，樓價及租金下跌，不過1997-2003年亦有其他導致樓價下跌的因素（例如：1997年「借大咗」後須減債）。相反，今天住屋需求大，私宅新落成供應少且吸納量高，空置率下降，樓價及租金跟隨上升。

圖表3.2 全港CCL與全港整體空置率 (1997年12月至2018年12月)

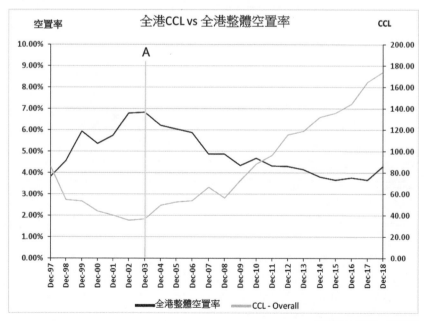

資料來源：差估署、中原地產

總結而言，空置率於樓市分析中扮演一個很重要的角色，去反映樓市是否處於「供不應求」或是「供過於求」的狀況。另一方面，要知道樓市是否存在泡沫，空置率高低亦是其中一個重要的衡量指標。根據過往各地的案例，樓市泡沫爆破很多時候與高空置率有關，尤其是當樓價因為一些盲目的純投機炒賣活動而大幅推升，且沒有確實的自住需求所支持。

3.3

深入分析
空置率

近年來，很多樓市評論員、傳媒及官員說香港私宅價格上升的其中一個主要原因是供不應求。究竟香港樓市目前供不應求是怎麼樣？究竟有沒有一些客觀數據可以量度目前樓市的供求狀況呢？筆者認為，空置率是反映房屋供應及自住剛性需求合成後的結果。如果需求大及供應少，空置率會持續下跌且處於低位，這反映樓市處於供不應求的狀況。相反，若需求弱且供應量大，空置率就會升且會處於高位，這反映樓市處於供過於求的狀況。因此，筆者認為詳細分析空置率趨勢及其變化有助了解目前樓市的供求狀況。

何謂空置率？

在分析空置率及其變化趨勢之前，讀者必須要必須知道空置的定義。首先，本篇文章關於空置單位全是指私人住宅的單位內的空置單位，並不包括公屋及居屋等公營房屋。根據差餉物業估價處《香港物業報告2019》技術附註，空置量的定義為：

空置量是指在年底（即每年12月31日止）進行普查時，實際上未被佔用的單位數目。正在裝修的物業均界定為空置。此外，有些單位在佔用許可證發出後，因未獲發滿意紙或轉讓同意書而空置。讀者應注意，空置量與物業是否由發展商持有無關。即使是已售出的物業也可能仍然空置，有待業主或租客日後佔用。空置量數字涵蓋總存量，並非單指新發展項目。

因此，從上述官方定義理解，空置單位可以包括以下的一些情況：

1. 正在裝修中的單位；

2. 已簽買賣合約或租約但仍未交付住客入住（包括租客及買家）的空置單位；

3. 新落成而未取得滿意紙或轉讓同意書的空置單位；

4. 發展商已收購的部份的舊樓單位，但仍未能啟動清拆及重建；

5. 沒人住或沒人敢住的凶宅；

6. 真正待售、待租及可供隨時入住的的空置單位。

實際上，上述第1及2項只屬過渡性及臨時性的假空置；至於第3項，由於未取得滿意紙或轉讓同意書，這些基本上是暫時不能入伙的假空置單位；第4項是發展商已收購的部份舊區單位，但又未能啟動清拆及重建，為減低行政成本，一般不會出租這些單位，只會讓其空置，這只會是一些不能使用的假空置；第5項，個別某些凶宅在任何情況下無人敢住，可以當作為永久性的假空置。至於第6項，就是可以供人隨時入住及使用的空置單位。

不能避免的假空置

當讀者看空置率數據時，必須知道當中有一些不能避免及臨時性的假空置存在。概念與經濟學中的自然失業率一樣，好似香港目前2.8-2.9%的失業率基本已視為近乎全民就業一樣。但是，政府統計空置量的過程中可能受到一些技術所限，沒有可能詳細計算出上述各種空置的原因，只能將上述情況全部統一歸納為空置。

根據施永青先生過去有多篇談及住宅空置的文章，他曾提及為使物業買賣交易能順暢運作，市場上總要有一定數量的空置單位作為交易與交易之間的緩衝及潤滑劑。一般而言，樓宇買入後要安排裝修，而出售或出租前，亦要花時間物色客人，空置在所難免。施生認為，自然空置率應約為5%。如有興趣了解施生的看法，可參閱於2013年01月22日《AM730》內C觀點《香港需實行空置稅嗎？》一文。其實施生過去有多篇談及空置的文章其實是很值得讀者閱讀，亦發筆者去深入研究空置於樓市分析時的作用。

空置率與供應量息息相關

圖表3.3列出由1997年至2018年底私人住宅的空置單位數量及空置率。從圖表3.3可以得知，私宅空置率由1997年底的3.8%

持續上升至2002及2003年底最高的6.8%，而私樓空置單位數量由1997年的35,983伙升至2002年最高的74,200伙。在這段期間，空置率及空置量持續上升，反映整體每年私樓吸納量低於其新落成單位數量，筆者認為有兩個原因，第一，在1997至2003年這8年間，由於八萬五政策下，平均每年有26,790伙新落成私樓單位，私樓新落成量龐大，詳情可參閱圖表3.4。第二，由於1997年金融海嘯後，樓市因「借大咗」而持續下跌至2003年沙士疫情完結後。在樓市大跌下，期間香港經濟環境惡劣，失業、減人工及裁員之聲此起彼落，市場對置業信心及買樓需求普遍十分疲弱，再加上八萬五政策下的大量新供應，以致市場未能完全吸納新供應，從而導致空置率急升。

在2002年11月，政府為救樓市而推出「孫九招」，其中多招是限制供應，例如取消賣地及暫停勾地1年、暫停地鐵及九鐵建屋項目招標1年、結束居屋計劃、終止出售公屋計劃、結束私人參建居屋及房協資助自置居所計劃等等。從圖表3.4顯示，2004年至2009年的私樓新落成量逐跌，這6年期間平均每年只有14,390伙私樓新落成，較1997至2003年內的平均每年私樓新落成量下跌約44%。再加上2003年沙士後，香港經濟因自由行及大量H股來港上市而快速增長及復蘇，市民收入及就業狀況持續改善，市民置業信心回升。在私樓供應持續減少且需求上升下，私宅使用量上升及市場逐漸吸納空置單位，私宅空置率由2003年底高位的6.8%持續下跌至2009年底的4.3%。

圖表 3.3 整體私樓空置量與空置率的趨勢（1997年至2018年）

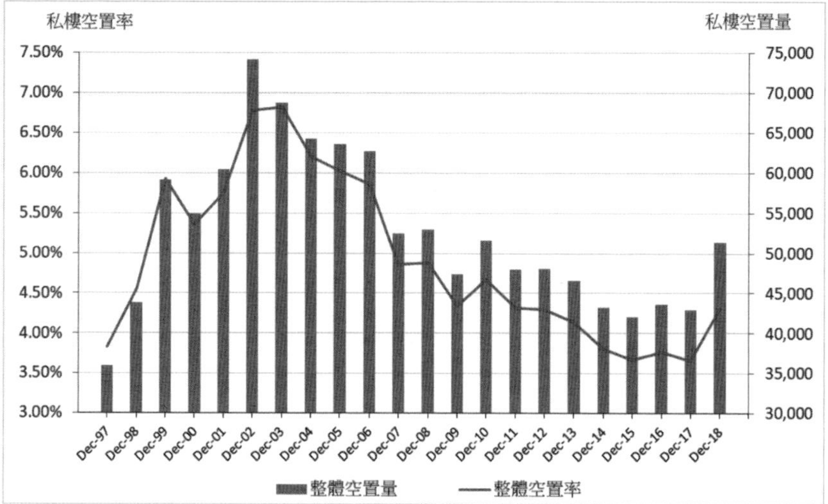

數據來源：差餉物業估價署

在2009年底，私宅空置率由4.3%升至2010年的4.7%，主要原因私樓落成量由2009年的7,157伙大升至2010年的13,405伙所致。其後，空置率由2010年的4.7%持續下跌至2011年及2012年的4.3%、2013年的4.1%、2014年至2017年的3.7-3.8%的1997年後的歷史低位，反映自金融海嘯後私人住宅的入住量高於其落成量，以致空置率下跌，簡單而言，就是新落成單位不足以應付新增需求且相關需求不斷吸納市場現存的空置單位。

而且，如筆者前文所述，差估署的空置率數據某程度上包含了一些假空置，例如正在裝修中的單位、已收購但仍未能啟動清拆及重建的舊樓空置單位、凶宅、已簽買賣合約或租約但仍未交付住客入住（包括租客及買家）的空置單位等等。當近年空置率持續下跌至3.7-3.8%時，其實讀者們須要再想一想在撤除上述一些不能使用的假空置單位後，究竟市場上還有幾多可供隨時入住及使用的空置單位呢？筆者認為，當空置率跌至3.7-3.8%時，市場缺盤的情況已開始明顯。

其後，空置率由2017年底的3.7%升至2018年的4.3%

圖表3.4 整體私樓落成量與空置率的趨勢（1997年至2018年）

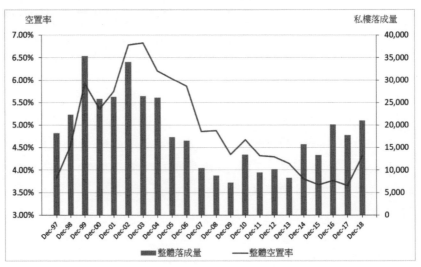

數據來源：差餉物業估價署

面積愈細
空置率愈低

筆者在上一篇解釋空置率的定義，分析整體空置率、年內落成樓宇空置率及其餘所有非落成樓宇空置率之趨勢及變化，以讓讀者了解目前香港樓市供不應求的狀況，而本篇文章筆者會分析不同面積大小的私樓空置率。

不同面積的私樓如何分類？

根據差估署，私人住宅單位是指設有專用煮食設施、浴室和廁所的獨立居住單位，並按樓面面積分類如下：

A 類單位：實用面積少於 430.4 平方呎

B 類單位：實用面積由 430.4 至少於 753.2 平方呎

C 類單位：實用面積由 753.2 至少於 1,076.0 平方呎

D 類單位：實用面積由 1,076.0 至少於 1,721.6 平方呎

E 類單位：實用面積為 1,721.6 平方呎或以上

圖表 3.5 截至 2018 年 12 月 31 日止不同面積（A-E 類）的私樓總存量

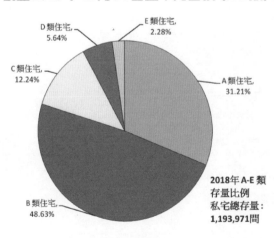

D 類住宅,
5.64%

E 類住宅,
2.28%

C 類住宅,
12.24%

A 類住宅,
31.21%

B 類住宅,
48.63%

2018年 A-E 類
存量比例
私宅總存量：
1,193,971間

資料來源：差估署

截至2018年12月31日止，香港私樓存量為1,193,971伙，A-E類存量比例分佈可參閱圖表3.5。

另一方面，根據圖表3.6，截至2018年底空置量為51,426伙，當中A類佔27.6%、B類佔40.1%、C類佔14.6%、D類佔11.0%及E類佔6.7%，而空置量主要集中在A-B類細單位。圖表3.6列出歷年A-E類私人住宅空置量分佈，私樓空置量由1997年底的35,983伙，升至2002年的74,200伙，其後持續下跌至2015-2017年的42,000-43,000伙，去到2018年底的51,426伙。

圖表3.6 1997-2018年底A-E類私人住宅空置量伙數

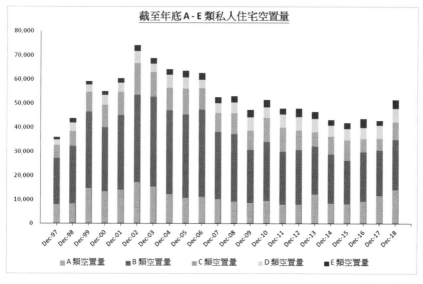

資料來源：差估署

樓市真相 ── 傳媒政府不告訴你的事

圖表 3.7 及圖表 3.8 列出由 1997 年至 2018 年底 A-E 類及整體私宅空置率。從圖表 3.7 及圖表 3.8 中可以看到一個現象，就是單位面積愈小，空置率就愈低，反之亦然。A 類細單位約佔私樓，其空置率一直都低位於整體平均空置率；B 類空置率由 1997 年至 2008 年一直高於整體平均空置率，但自 2009 年起其空置率低於整體平均數；而 C 類、D 類及 E 類大單位的空置率一直高於整體平均空置率。其次，A 類、B 類及 C 類住宅空置率升跌長期趨勢看大致上與整體空置率升跌同步，反而，D 類及 E 類的空置率與整體空置率的距離愈拉愈遠，近年這些大單位的空置率在 8-12% 的水平浮沉，而 E 類空置率於個別年份最高曾見 14%，與整體空置率約 3-4% 相距甚遠。

圖表 3.7 整體住宅、A 類、B 類及 C 類空置率趨勢（1997 年至 2018 年）

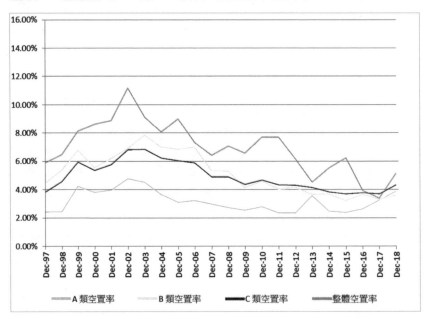

資料來源：差估署

圖表 3.8 整體住宅、D 類及 E 類空置率趨勢 (1997 年至 2018 年)

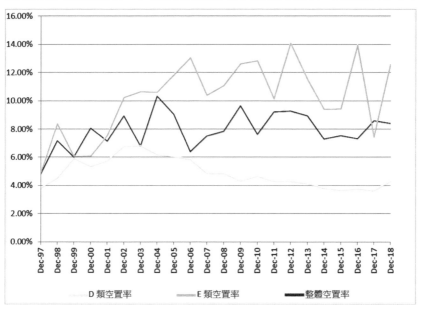

資料來源：差估署

圖表 3.9 A 類私樓落成量與空置率變化 (1997 年至 2018 年)

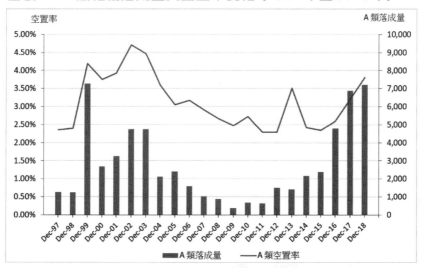

A 類單位：實用面積少於 430.4 平方呎 (40 平方米)

資料來源：差估署

A類單位佔整體總存量約31.2%，屬存量第二多的單位種類。根據圖表3.9，A類空置率由1997年的2.4%升至2002年的4.7%，主要原因與1999年至2003年落成量持續上升且吸納量因市況差而不振有關。由2004年至2015年，A類空置率持續下跌至2012年的2.3%，在2013年升至3.5%，其後2014年至2016年跌至2.3-2.6%的低水平，筆者認為與期間可能與偏低的落成量有關。然後2017年的3.2%及2018年的3.8%，升幅顯著，這好明顯與2016年至2018年其落成量大幅增加有關，而市場似乎未能吸納近年大幅增加的落成量。A類落成量由2015年的2,395伙大升至2016年的4,796伙、2017年的6,891伙及2018年的7,212伙。

圖表3.10 B類私樓落成量與空置率變化（1997年至2018年）

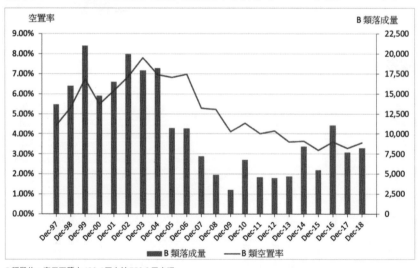

B類單位：實用面積由430.4至少於753.2平方呎

資料來源：差估署

B類私樓單位佔整體總存量約48.6%，屬存量最多的單位種類。根據圖表3.10，B類空置率由1997年的4.4%升至2003年的7.8%，相信同1997年至2003年有較高落成量有關。但是，由2004年起，B類空置率由2004年的7.0%持續下跌至2015年最低的3.2%。儘管B類的落成量由2015年的5,496伙升至2016年的11,087伙、2017年的7,665伙及2018年的8,237伙，B類這3年的落成量比A類多約42.8%，而且B類單位面積比A類大，但是2016年至2018年B類空置率卻沒有如A類般急升且能穩定保持在3.2-3.6%歷史低位水平徘徊，似乎市場反而對B類這類大一點的單位有著更佳的吸納量及需求量，而需求似乎並非一面倒傾向A類細單位。

如果上車客想買樓，但預算有限，筆者建議上車人士可以考慮買一些舊一點、遠一點及平一點的兩房二手單位，而非全新的開放式及一房單位，因為這些細兩房單位比開放式及一房單位可以有較大的兼容性，起碼舊一點、遠一點及平一點的兩房二手單位可以讓你們由二人家庭勉強過渡至「兩個大人＋一個小孩＋一個工人」的家庭，而開放式及一房單位基本上很難讓住戶由二人家庭過渡至有小孩及工人的家庭。

圖表3.11 C類私樓落成量與空置率變化（1997年至2018年）

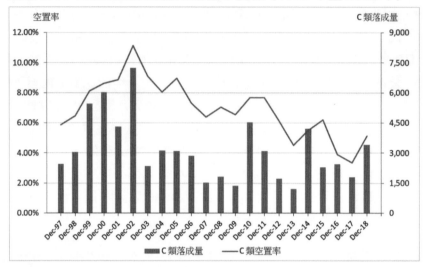

C類單位：實用面積由753.2至少於1,076.0平方呎

資料來源：差估署

C類私樓單位佔整體總存量約12.2%，其總存量較A類及B類少得多。根據圖表3.11，C類空置率由1997年的5.9%升至2002年的11.1%，而該段某期間的落成量由1997年的2,449伙升至2002年的7,251伙，增幅顯著。之後，C類空置率由2002年高位的11.1%反覆下跌至2017年的3.4%歷史低水平。因為其後落成量由2017年的1,794伙升至2018年的3,414伙，升幅約90.3%，2018年C類空置率升至5.1%水平，但C類空置率長期趨勢似乎仍是處於下降軌之中。

圖表 3.12 D類私樓落成量與空置率變化（1997年至2018年）

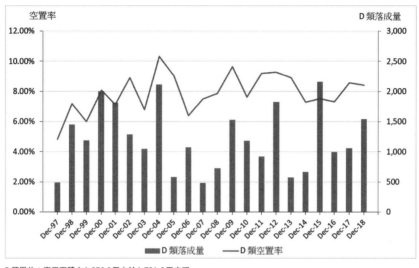

D類單位：實用面積由1,076.0至少於1,721.6平方呎

資料來源：差估署

圖表 3.13 E類私樓落成量與空置率變化（1997年至2018年）

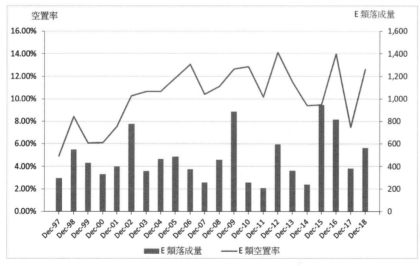

E類單位：實用面積為1,721.6平方呎或以上

資料來源：差估署

D類私樓單位佔整體總存量約5.7%。根據圖表3.12，D類單位的空置率由1997年的4.8%，升至2004年的10.3%，其後大部份時間處於7-9%的水平，比整體平均數為高。至於E類單位（圖表3.13），其總存量僅佔整體約2.3%，E類單位的空置率由1997年的4.9%，升至2004年的13.1%，之後大部份時間處於10-14%的高水平。儘管D類及E類空置率遠高於整體平均數，但由於兩者佔總存量的比例很低，其空置單位數量其實不多，詳情可參考圖表3.6。

必需品供不應求難大跌

空置率是房屋供應及自住剛性需求合成後的結果，很大程度上，空置率高與低反映住宅市場究竟是供不應求、還是供過於求。根據本篇文章所述，A類及B類（合計佔總存量約8成）的私樓空置率近年普遍約有2.X-3.X%的歷年低位水平，反映這類面積較細的單位處於供不應求的狀況。筆者認為，住宅其實可以是必需品、投資品、甚至奢侈品，甚至是三者的混合體。當住宅物業缺到去一個地步時（尤其係普羅大眾的上車盤及中小型住宅），其必需品的角色便會大大提高。俗語有云，物以罕為貴，試問大家有沒有聽過一種必需品（尤其是A-B類單位），在需求持續上升且供應不足的情況下，其價格會出現大跌的風險呢？

相反，D-E類的大單位從空置率數字上看，基本上沒有看到有短缺的狀況。但是，樓其實可以同時是投資品及奢侈品，有一些豪宅的買家們其實本身沒有自住居所的短缺的問題，很多時候，置業的目的是價值儲存、用來凸顯購買者擁有顯赫的財富及身份、甚至當儲一件藝術珍品般（例如：稀有的山頂豪宅），能否短時間內出租已經不是太大問題。此外，D-E類的大單位的租金及售價入場門檻很高，放租或放售的所需時間會較長，因而亦會拉長單位的空置時間及空置率。

而在下一篇文章，筆者會以A-E類單位的空置率去比較其價格指數及租金指數的變化及表現。

3.5

私樓空置率、
價格及租金指數變化

本篇文章筆者會將 A-E 類私樓單位的空置率，與其差估署租金指數及售價指數的變化趨勢進行比較，簡單而言，筆者就是想通過比較在 A-E 類不同高低水平的空置率，去看看其租金指數及售價指數的變幅有否重大差異，而比較時期將由 2007 年 12 月至 2018 年 12 月止。而心水清讀者可能會問，為何筆者不將 1997 年至 2018 年的空置率、租金指數及售價指數的變化一拼比較？

筆者認為，1997-2002年、2002-2007年及2007-2018年等不同時段的樓價變化背後有著其他不同的基本因素所影響。例如，1997-2002年樓市受1997年金融風暴、「借大咗」要減債，以及八萬五所衍生的供應及空置增加所影響；2002-2007年樓市因應香港經濟復蘇及孫九招等收緊供應等措施所影響。因此，就空置率與其差估署租金指數及售價指數的比較，筆者將以2007-2018年的時段進行比較。

辣招後樓價升主因是自住需求

用2007-2018年的時段還有另一個好處，在這段期間，政府推出且收緊多項辣招印花稅去冷卻樓市，例如，推出額外印花稅（SSD）使到樓市沒有短炒投機客，推出買家印花稅（BSD）打擊非香港本地買家，甚至推出住宅雙倍印花稅及15%從價印花稅打擊持有多於一個住宅物業的收租投資者，這些辣招稅變相壓低了由短炒投機客、非香港本地居民及收租投資客的購買力對樓價的影響，因而更能讓讀者看見，使到樓價上升主要因素是由實際的自住需求所推動。

圖表3.14 A類私樓空置率、租金指數及售價指數趨勢 (2007年至2018年)

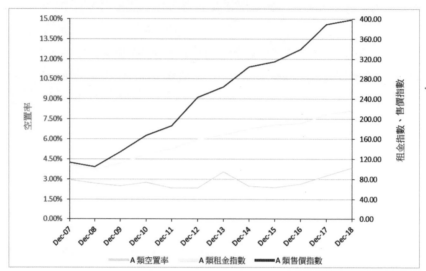

數據來源：差餉物業估價署

圖表3.15 B類私樓空置率、租金指數及售價指數趨勢 (2007年至2018年)

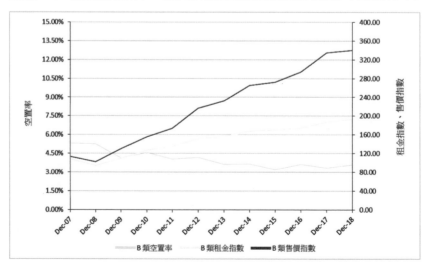

數據來源：差餉物業估價署

圖表3.16 C類私樓空置率、租金指數及售價指數趨勢(2007年至2018年)

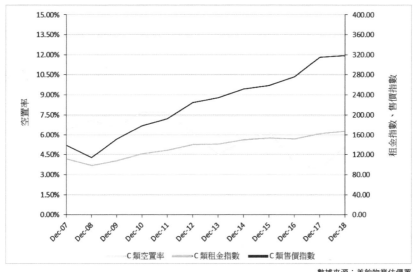

數據來源：差餉物業估價署

圖表3.17 D類私樓空置率、租金指數及售價指數趨勢(2007年至2018年)

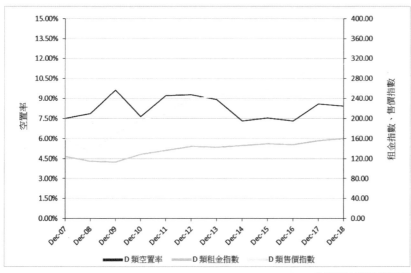

數據來源：差餉物業估價署

圖表3.18 E類私樓空置率、租金指數及售價指數趨勢（2007年至2018年）

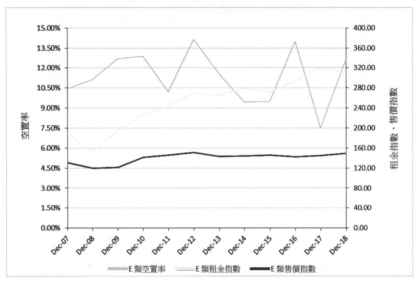

數據來源：差餉物業估價署

圖表3.14-圖表3.18反映2007年至2018年期間A-E類空置率、租金指數及售價指數的趨勢，而這五個圖表中左右軸的比例及圖表形大小是一樣的。從這五個圖表中，讀者可有以下兩個發現。第一，以長期趨勢看，在A-E類私摟住宅當中，A類空置率最低，E類空置率最高，反映單位面愈大，空置率則愈高。第二，單位面積愈細，其租金指數及售價指數升幅則愈高，詳情可參閱圖表3.19。

圖表3.19 A-E類私人住宅平均空置率、租金指數及售價指數累計升幅（2007年底至2018年底）

	2007年底至2018年底之歷年平均空置率	2007年底至2018年底租金指數累計升幅	2007年底至2018年底售價指數累計升幅
A類私人住宅 實用面積少於430.4平方呎	2.8%	99.7%	252.8%
B類私人住宅 實用面積由430.4至少於753.2平方呎	4.0%	79.6%	200.6%
C類私人住宅 實用面積由753.2至少於1,076.0平方呎	5.8%	50.1%	129.6%
D類私人住宅 實用面積由1,076.0至少於1,721.6平方呎	8.3%	29.1%	98.0%
E類私人住宅 實用面積為1,721.6平方呎或以上	11.3%	13.9%	64.0%
整體私人住宅	4.2%	76.0%	204.7%

數據來源：差餉物業估價署

正如筆者前文所述，在2007年底至2018年底的這段時間，政府不斷推出且提高多項辣招印花稅去打擊短炒投機客、非香港本地買家及長線收租投資者，限制上述人士入市的措施變相令到自2008年金融海嘯後，香港樓價上升的動力只剩下一個，這就是實際的自住需求。根據圖表3.19顯示，單位實用面積愈細（大），空置率愈低（高），售價及租金指數升幅則愈大（小），反之亦然。

從圖表3.19看，A類空置率2007-2018年歷年平均空置率只有2.8%，屬相當低的水平，當剔除一些不能避免的假空置後，反映現存可供隨時入住的空置單位不多，很明顯A類性單位處於

短缺及供不應求的狀況最為嚴峻，物以罕為貴，所以A類住宅售價及租金指數升幅最快。

相反，E類單位空置率極高，過去12年平均空置率達11.3%，明顯地這類特大單位處於供應過剩的狀況，在眾多印花稅下壓抑了短線炒家、非香港本地居民及長線收租客的買入因素，以致E類租金及售價指數升幅最慢。

為何A類細單位的價格升幅最大？

「沙漠礦泉水」效應

筆者有一位很值得尊敬的朋友法子，他提出一個很好的「沙漠礦泉水」效應去解釋為何今日樓市細價樓呎價（及租金）升幅高於同一屋苑的大單位。舉一個例子說明，當小明一個人在沙漠的中心位置行了兩日，他現在水盡糧絕且非常口喝，突然間他見到前面一間士多，他於是飛快跑去士多買礦泉水。士多老闆說：「500ml礦泉水賣70美元，1,000ml礦泉水賣100美元」。由於小明口袋只有75美元，他只能勉強買一枝售價70美元的500ml礦泉水，儘管小明知道1,000ml礦泉水比500ml更為化算，然而小明口袋根本沒有足夠金錢去買售價較為化算的100美元1,000ml礦泉水，而這枝沙漠中售價70美元的500ml礦泉水就好比今天的細單位。儘管普遍上車買家知道大單位呎價較低、

較化算，但因為他們現在口袋預算有限，無法負擔較大面積及較高總價的單位，他們只能以較高呎價去搶買細單位上車自住。

其實小明沙漠漫遊的故事仍未完，在小明去到士多時，可能會猶豫究竟應不應該用70美元去買一枝500ml的礦泉水之際，在小明的後面可能仍有其他人趕去士多買礦泉水，若然小明決定等一等先買，明天這枝500ml礦泉水可能會賣80美元都未定，由於小明口袋只有75美元，而他可能會白白錯過以70美元買入這枝礦泉水的機會，甚至更恐佈的是士多老闆可能只有一枝500ml礦泉水存貨可賣，若小明猶豫不買，這枝水可能會給其他人買掉。

情況好似打仗時，物資及食物供應不足，食物價格一樣上升。但價格升的只是低價食物，例如白米價格會升得勁過高級鮑魚，所以打仗時，應該囤米，而不是鮑魚。從樓市角度去看，由於供應不足，所有A-E類住宅樓價整體向上升，但是由於供不應求大多集中在A-C類住宅，原先有能力住C類大單位的人是會被迫向下流去，走去搶買及搶租B類細一級的單位，他們雖然買不起或租不起C類單位自住，但買B類較細一級的單位卻游刃有餘，即使B類單位價格及租金已上升了一定程度。但同時，B類細一級的單位同樣也是供應不足，但今日卻又多了一批來自之前C類單位的競爭者，原先最多只能負擔B類單位的人因有新競爭者又要被迫向下流，走去買或租A類最細單位自住。而當來自之前B類單位的人走去搶租或者搶買A類最細

單位時，再加上A類單位空置率最低及最短缺，A類最細的單位差不多已是基層的最後防線，A類單位的競爭就會變得最為劇烈，以致A類單位的租金及價格升幅最大。但同時，有部份之前住A類單位的人只能被迫向下流搬去劏房甚至工廈。

在這種供不應求的升市下，住戶收入增長追不上樓價升幅，住戶的居住狀況只能不斷向下流，這就是筆者朋友法子所提出的「沙漠礦泉水」效應。

「Lump Sum」效應

根據圖表1.10及1.14，過去10年，樓價升幅甚巨，但政府反而卻不斷收緊住宅按揭成數，而且單位愈貴，借貸成數則愈低，買家要付出的首期成數則會愈高，而且樓價愈升，按揭成數則愈緊，自2013年2月起直至2019年10月，只有600萬元或以下的細單位仍可以透過按保去借最多8成按揭上車。由於樓市處於短缺的狀況，普遍入市的買家首期預算非常有限，他們只能一窩蜂集中搶購這些仍可借高成數按揭但總價不多於600萬元的細單位，以致這些總價不多於600萬元之單位的呎價升幅最多、最快及最狠，筆者稱這種只睇總價不超於600萬元而搶買細單位的行為為「Lump Sum」效應。

本篇文章執筆之時大約是2019年7月中旬，CCL大約在188-190點水平左右。到目前為止，普遍大型屋苑兩房細單位市場成交最少都要逾500萬元起，現在600萬元以下的屋苑放盤其實

並不多，相信除了一些舊區高樓齡的單棟樓外，才仍可以相對容易找到600萬元以下的放盤。

一直以來，在同一屋苑內的細單位呎價及其升幅會於大單位。當連最細最平的細單位都升穿600萬元時，這A類細單位便會失去高成數按揭借貸的優勢，這會否導致較大一級的單位呎價有機會追上呢，倒值得各位讀者去想一想。或者，筆者試舉以下例子去解釋，在2019年4月，筆者陪朋友去睇天水圍嘉湖山莊，當時筆者發現440實呎兩房普遍較合理的叫價約540-560萬元（實呎價12,273-12,727元），但三房550實呎大概叫價約590-610萬元（實呎價10,727-11,091元），很明顯三房的呎價比兩房平約12-13%。

若然嘉湖山莊兩房失去高成數借貸的優勢，究竟嘉湖山莊兩房及三房的實呎價之差距有否機會拉近呢？筆者認為倒值得讀者去想一想。

圖表3.20顯示A類、B類、C類、D-E類差估署私宅售價指數與去年同期比較之變動比率，時期從2012年1月至2019年5月止。而這個私宅售價指數與去年同期比較之變動比率的計算方法可通過以下例子說明：

2017年10月私人住宅售價指數之按年變動比率

= (2017年10月售價指數 -2016年10月售價指數) ÷ 2016年10月售價指數

圖表3.20私人住宅售價指數之按年變動比率（與去年同期比較） 2012年1月至2019年5月

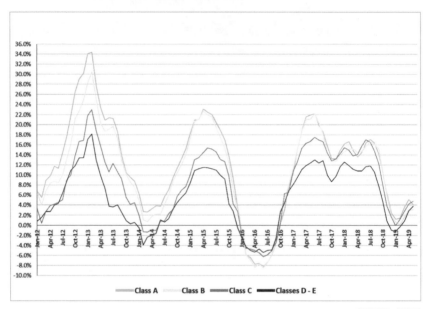

數據來源：差估署

根據圖表3.20，筆者發現有幾個得意的現象，如下：

・由2012年1月至2013年7月，A類私宅售價升幅一直明顯高 於B類，而B類又高於C類，C類又高於D-E類私宅，簡單 說，A類私宅售價升幅冠絕B類、C類及D-E類私宅。

・如讀者細心留意，自2013年7月起，A類私宅售價升幅已經與B類同步了。但由2013年7月至2017年7月，A類及B類私宅售價升幅高於C類，而C類售價升幅又高於D-E類。

・自2017年中至2019年5月止，A類私宅售價升跌幅度與B類、C類及D-E類私宅已漸趨變得一致，不同大小私宅單位之售價升幅差距開始收窄，似乎近這兩年中型甚至大型單位之價格升幅已追上細單位。就此，筆者這位很值得尊敬的朋友法子，他又提出另一個很好的「百葉簾現象」去解釋這現象，由於法子的觀點比筆者形容得更好，筆者倒不如直接引述法子的觀點去解釋。

「百葉簾現象」

根據法子「百葉簾現象」的觀點，當A類細單位因短缺而爆升（尤如上述「沙漠礦泉水」的例子），B類單位總價會停滯不前或者會慢升，當A類單位升至接近至B類單位的總價，A類單位同B類單位便會一齊升，因為無理由B類單位總價低於A類單位，情況好似當A類單位升到一定水平後，便會托住B類單位一齊升。到A及B類單位的價又升到接近C類單位的價時，A、B、C類單位便會一齊升，因為A、B、C類單位的供應數量都同時不足夠應付需求，而這種升市的步伐就好似拉百葉簾一樣，低層的百葉簾會托住對上一塊的百葉簾般一層一層升上去，直至百葉簾拉到上頂。其實法子早在2014年年中時已提出相關的升

市步伐，而當時根本尚未出現此現象，但他早已預測到今天此狀況的發生。

短期未來樓市的走向

筆者認為，雖然樓市整體是上升，要了解短期未來樓市的走向，讀者必須明白樓市上升的步伐同時受「沙漠礦泉水」效應、「Lump Sum」效應及「百葉簾現象」所影響及同時互動。在筆者執筆之時正是2019年7月中，CCL已升至約188-190點，普遍屋苑細單位已升至600萬元的水平，老實說，現在600萬元或以下的放盤其實已不多且可能進入倒數階段，再加上細價樓呎價（A類單位）較中大單位（B及C類單位）存在溢價且前者過去價格升幅較後者顯著，當細價樓（A類單位）普遍升至失去高按揭成數優勢時，未來樓市會否如「百葉簾現象」般發展下去，倒值得各位讀者去想一想。

供應的
疑惑

根據之前幾篇文章，筆者花了不少篇幅講及現時私宅空置的狀況，目前已落成的私宅空置率處於接近歷年低位，尤其是A-B類的中小型單位，反映這些單位處於短缺及供不應求的狀況。而且，政府過去多年一直不斷推出並收緊多項辣招印花稅去壓抑來自短炒投機者、非香港本地居民及長期收租客的買樓需求，老實說這些3D辣招稅率之高，根本令到上述人士很難入市

或者再入市，但樓價在此情況下卻仍能不斷破頂上升且創歷史新高，反映樓市的動力其實是來自實際的自住需求。老實說，要解決目前高樓價及高租金的困局，唯一辦法就是增加供應，而本篇文章筆者會用以下幾個不同的角度去預測未來私宅的供應狀況。

屋宇署上蓋施工量

施工量將是一個很準確的未來供應預測工具，因為有施工才有落成，若能掌握施工量，便能預測未來落成量。一般而言，住宅的興建是由先造地基施工，然後再進行上蓋施工，而上蓋施工至落成（發出佔用許可證後）大概平均需時約30個月左右，由落成至可以開始讓住戶入伙又要多數個月不等去進行一些樓盤的內部裝修等，這是筆者朋友告訴筆者的由施工至落成的大概情況，而在此部份分析的是由屋宇署編製的私人住宅上蓋施工之可建屋數量。

圖表3.21 屋宇署上蓋建築工程首次動工通知之私宅可建屋數量

	私人住宅上蓋施工之可建屋數量
2010年全年	5,397 伙
2011年全年	11,061 伙
2012年全年	14,327 伙
2013年全年	10,064 伙
2014年全年	6,257 伙
2015年全年	18,152 伙
2016年全年	20,842 伙
2017年全年	22,727 伙
2018年全年	12,676 伙
2019年1-4月止	2,129 伙

節錄自屋宇署歷年資料月報 Table 1.6

根據圖表3.21，2010年私樓上蓋施工量只有5,397伙，數量相當少，筆者估計原因應該是因2008-2009年金融海嘯經濟前景變差，發展商沒有積極勾地有關。其後施工量較2010年雖然有所上升，但仍未足以滿足市場需求，2011年、2012年、2013年及2014年私樓上蓋施工量分別有11,061伙、14,327伙、10,064伙及6,257伙，而2010-2014年每年平均落成量只有9,421伙。

去到2015-2017年，私樓上蓋施工量開始有較大幅度的上升，2015年的18,152伙、2016年的20,842伙及2017年的22,727伙，這3年的每年平均落成量更達至約20,574伙。而這3年份增加的上蓋施工的私樓單位大概預計會在2017-2020年內左右落成。

從圖表3.21看，反而2018年及2019年1-4月止的私樓上蓋施工量開始較2015-2017年有著頗大跌幅，分別只有12,676伙及2,129伙，筆者對2020年或之後的私樓落成量都相當憂心，因為私樓落成量可能較大幅度的下跌。

每季賣地計劃的建屋量

發展局會於每季季尾透過發新聞稿公佈下一季的賣地計劃，當中會公佈政府賣地、市建局招標、鐵路項目、以及私人重建/發展項目之可建私樓單位數量，只要留意發展局網頁內的新聞

稿，便可粗略估計到政府賣地及其他管道供應之私樓可建屋數量及其趨勢。由於開始上蓋施工至落成約30多個月，用上蓋施工量大概只能預測到未來2-3年的短期落成量。相反，如分析每季賣地計劃的建屋量，大概可以預測到更遠期的未來4-5年私樓落成量。

圖表3.22 發展局關於季度賣地計劃之私樓總可建單位伙數統計

		政府賣地計劃	市建局招標	港鐵項目	私人重建/發展項目	私樓可建單位伙數
2013	1-12月	11,200	0	720	0	11,920
2014	1-12月	10,350	2,550	7,500	2,000	22,400
2015	1-12月	9,340	1,145	8,660	2,070	21,215
2016	1-12月	13,190	280	2,100	2,420	17,990
2017	1-12月	6,690	402	4,700	9,880	21,672
2018	1-12月	6,580	210	2,600	1,580	10,970
2019	1-9月	5,310	210	2,450	860	8,830

圖表3.22內的數字，是筆者根據發展局網頁內每季公佈賣地計劃的新聞稿，然後去整合及統計各個土地供應管道下的私樓可建單位伙數，各土地供應管道包括政府賣地、市建局招標、港鐵項目及私人重建/發展項目，時期為1-12月份。從2013起，各個土地供應管道之私樓可建單位伙數，由2013年的11,920伙，持續上升至2014年的22,400伙、2015年的21,215伙、2016年的17,990伙及2017年的21,672伙，2014年-2017年這4年間，各土地供應管道之私樓可建單位伙數平均達20,819伙。假設賣地至入伙時4-5年，2018年去到2022年會有約20,000伙新私樓單位供應。

可是，圖表3.22顯示，2018年各個土地供應管道下的私樓可建單位伙數大跌49-50%至只有10,970伙，而2019年1-9月更只有8,830伙。假設賣地至入伙時4-5年，2023年後的私樓供應可能出現大跌。

團結香港基金研究報告

2019年4月30日，團結香港基金於信報刊登一篇題為「公私營供應目標調整無助填缺口2023年供應現斷崖式下跌」的研究報告，筆者會在以下直接引述該研究報告的部份內容，供讀者參考：

去年底政府更新《長遠房屋策略》（《長策》），決定從2019/20年度起10年期的公私營房屋新供應比例從6：4改為7：3，令公營房屋的年度供應目標會從28000個單位上調至31500個；而私人住宅則會從18000個單位下調至13500個。

有人認為，這對整體房屋供應會有正面影響，因為深信私人住宅供應目標無論怎下調，地產商為了賺錢，仍會「大建特建」，或者頂多一加一減相互抵消，最後沒有任何影響。可是現實並非如此簡單。

我們分析顯示，下調私人住宅供應目標的負面影響已經逐漸浮現。雖然2019至2023年這5年間的每年平均預測落成量是

18500個單位，比《長策》年度目標高5000個，但這個「超額完成」只是一個假像，如果以《長策》未調整比例前的目標18000個單位比較，只是僅僅達標。我們更預測2023年將有斷崖式下跌：落成量只有13300個，比2018年更下跌接近四成【圖表3.23】。這個預測並非危言聳聽，而是基於兩個領先指標的真實走勢。

讀者如有興趣，可以到團結香港基金網站參閱整份研究報告。

圖表3.23 私人住宅落成量

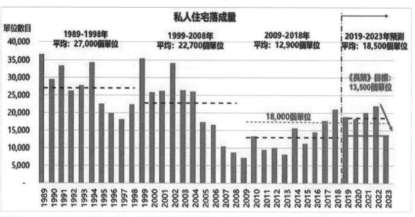

節錄自2019年4月30日團結香港基金「公私營供應目標調整無助填缺口2023年供應現斷崖式下跌」一文。

政治爭拗

筆者執筆之時約在2019年7月中，香港正值受政治事件影響，本文無意談及政治取態。不過，受政治事件影響，政府暫停推出具爭議性政策（例如：明日大嶼），再加上立法會大樓破壞無法處理撥款議案，這會無可避免導致土地及房屋供應受阻及延遲。

有能力盡快上車自保

關於香港樓市，現在是很明顯處於供不應求的狀況，這從近十年私宅空置率的走勢可以看得很清楚，尤其是中小型的上車盤。如果要解決樓市目前供不應求的狀況，餘下唯一的辦法就是要增加供應。但是，從本文的推算及分析本看，短期及中期的未來私樓供應不能持續增加之餘，更有很大可能出現頗大幅度的下跌，以團結香港基金的說法是幾年後的私樓供應更會現「斷崖式下跌」，未來私樓供不應求的狀況將會更加嚴重。

筆者認為，政府已經無力增加短期及中期的未來私樓供應（例如：增加施工量及賣地量），而且長遠造地因種種政治、環保及其他原因而導致寸步難行，在房屋供應的範疇上，政府已無力應對，現在仍有能力而未上車的人士，應要認真考慮襯逃生門仍未關上前，把握最後機會盡快上車，以求自保。

3.7

建築費
如何支持樓價？

筆者曾經與很多人討論建築費與樓價的關係，他們說，建築費同樓價毫無關係，建築費貴不一定能支持高樓價。相反，又有另一班人說，當建築費貴，樓價若然太低且不是以彌補成本，又有誰願意起樓增加供應呢？剛好過去幾篇文章談及空置，筆者會嘗試利用空置率去解答上述問題。

正式開始談談空置、建築費及樓價的關係前，筆者想向讀者展示一些目前香港建築費的狀況。

引述2017年3月7日文匯報「港建築成本世界次高扯升樓價」一文：

……建築資產設計及諮詢公司凱諦思(Arcadis)昨公佈，香港再度成為亞洲區建築成本最高的城市，全球排名則僅次於美國紐約排世界第二高。該公司認為，勞工短缺是導致香港建築成本高企的原因……該公司認為，勞工短缺是導致香港建築成本高企的原因。澳門及新加坡是繼香港後，亞洲最昂貴的城市……建築工人連續第八年加薪……香港測量師學會工料測量組主席甘家輝表示，建築工人薪金升幅強勁，是導致建築成本高企的原因之一。他說：「某啲師傅年紀大咗，青黃不接，但同時間工程量多咗，就會令人手短缺，啲人工自然亦水漲船高。」……

根據政府統計處（圖表3.24），由主要承建商填報有關從事公營建築工程的工人的每日平均工資過去7年上升50-80%不等，每年平均升幅約7.2-11.4%。

圖表3.24 由主要承建商填報有關從事公營建築工程的工人的每日平均工資（港元）

政府統計處由主要承建商填報有關從事公營建築工程的工人的每日平均工資（港元）	2011年12月	2012年12月	2013年12月	2014年12月	2015年12月	2016年12月	2017年12月	2018年12月	2011年至2018年7年累計變幅
普通工人及雜工	616.4	679.1	743.0	856.2	915.7	1,011.0	1,012.9	995.8	61.6%
混凝土工	1,073.0	1,252.2	1,439.4	1,894.9	1,895.4	1,959.3	1,911.2	1,931.7	80.0%
砌磚工	853.3	935.6	931.3	1,189.1	1,211.8	1,243.6	1,371.0	1,297.5	52.1%
鋼筋屈紮工	1,249.3	1,401.3	1,599.3	1,882.4	1,899.4	2,108.4	2,166.7	2,186.8	75.0%
普通焊接工	835.3	899.9	954.9	1,103.5	1,159.4	1,156.0	1,251.4	1,255.1	50.3%
木模板工	1,091.1	1,345.4	1,546.9	1,876.5	1,837.5	2,033.0	1,927.3	1,922.8	76.2%
髹漆及裝飾工	780.6	846.4	857.8	981.9	1,121.5	1,168.5	1,239.0	1,176.1	50.7%
竹棚工	1,097.2	1,243.0	1,395.2	1,639.4	1,706.0	1,868.1	1,863.7	1,849.3	68.5%

資料來源：政府統計處

根據圖表3.25，建築署建築工程投標價格指數由2009年低位1,000點，升至2015-2018年約接近1,800點，儘管於2019年回落至約1,700點水平，但過去10年升幅仍達約7成。

圖表3.25 建築署建築工程投標價格指數

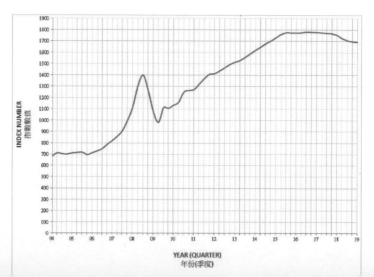

空置率是房屋供應及自住剛性需求合成後的結果，很大程度上，空置率高與低反映住宅市場究竟是供不應求、還是供過於求。根據本篇文章所述，A類及B類（合計佔總存量約8成）的私樓空置率近年普遍約有2.X－3.X%的歷年低位水平，反映這類面積較細的單位處於供不應求的狀況，而A-B類單位更是普羅大眾的必需品。要解決供不應求，唯一的辦法是增加供應。當建築費持續上升，但卻要樓價下跌，發展商利潤若收窄、甚至有蝕本的風險的話，發展商起新樓的意欲便會降低，供應便會減少。沒有新供應，又如何解決目前供不應求的狀況呢？

簡單說，空置率高低可反映供過於求，還是供不應求。在供過於求時，建築費高與低未必能夠支持樓價，因為市場已有充足的空置單位。但是，在供不應求下的今天，因為今天我們極需要新供應去解決住屋短缺的問題。但若然普遍的需求者連成本都支付不起或者無法向供應者提供合理的利潤，又有誰會願意向他們提供合適的住屋呢？沒有新供應，又如何解決供不應求、以及由供不應求引起的高居住成本問題呢？因此，筆者認為在供不應求下，建築費一定是樓價的強力支持，當然我還要假設香港經濟情況沒有重大改變。

第 四 章

低息、熱錢、辣招 ——鋤弱扶強的 樓市真相

4.1

超低息環境及辣招
造就樓市大升

過去多年，香港樓市大升的其中一個原因是低息環境，自2008年金融海嘯後，各國央行大幅調低利率，令全球處於百年難得一見的超低息環境。香港在聯匯制度下，息口被美國牽引，超低息環境造成了香港樓市的上升週期。樓價與利率息息相關，因為無論買樓自住還是投資，大多會做按揭，而借貸的成本就是利息，利率愈高，成本愈高，借到的金額愈少，以及借到的

人亦會減少，亦即令到買樓的需求減少。在其他因素不變的情況下，利率與樓價亦成反比關係。

另一方面，當市場利率大幅下調，銀行存款利率大幅調至零的水平，會誘使存戶買樓投資，賺取租金及資本增值，尤其是香港樓市正處於供不應求的狀態下，租金及樓價能維持持續上升的趨勢。在第四章的上半部份，筆者會用較深層次的角度去分析長期利率的趨勢，以及香港在聯匯制度下的利率走向。

其次，政府過去多年推出多項辣招及不斷加辣，希望去冷卻樓市。但是，樓價不單只沒有因此而回調，卻不斷反覆上升，本篇文章將向各位讀者簡述相關原因。

4.2

金融海嘯後
長期利率難升

自2008年美國樓市爆破引致全球金融海嘯，歐美各國及其央行為救頻臨崩潰的經濟，不惜進行史無前例大規模的量化寬鬆（Quantitative Easing，簡稱QE，俗稱「印銀紙」）、大幅減息等政策，將整體市場利率大幅壓低至零息水平。由於香港一直以來行聯繫匯率制度，港元無可避免地必須緊釘美元的貨幣政策，當美元利率自金融海嘯減至近乎零的水平，港元利率必須跟隨。筆者印象中大約在2010-2011年新造按揭時，按息大概為1個月HIBOR+0.8厘的水平，而1個月HIBOR約0.1-0.2厘左右，所以當時按息大約為0.8-0.9厘的水平。過去10年，樓價大升，超低息環境一定是其中一個主要原因，相信無人會反對，筆者亦無意重複去講一些息低樓價升的道理。反而，筆者想較深層次去看一看自2008年金融海嘯後的利率趨勢。

失業率跌通脹持平

開始前，筆者強調自己不是一個經濟學者，只不過是一個普通投資者，筆者的觀點可以是錯，各位讀者須自行獨立分析。根

據傳統的經濟學理論，經濟好，失業率持續下跌，收入上升，需求增加，通脹就好自然會升。但是，根據圖表4.1去看，2009年起，美國失業率由高位的10%，持續大幅下跌，去到2019年8月最新美國失業率更跌至3.7%。可是，美國核心PCE物價指數卻一直長期維持低於2%的低水平，其實這種情況不是美國獨有的，歐洲、日本、甚至中國、香港等都存在這種類似的狀況，到底當中的原因究竟是甚麼呢？

圖表4.1 2000-2017年美國失業率及通脹的趨勢

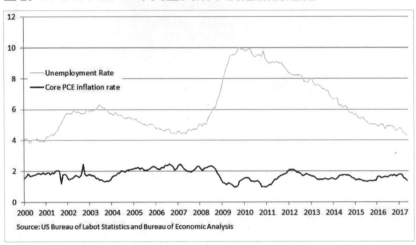

Unemployment Rate

Core PCE inflation rate

Source: US Bureau of Labot Statistics and Bureau of Economic Analysis

資料來源：Inflation And The Fed, By David Blitzer, Jul. 7, 2017

筆者認為，今時今日這種低通脹、低失業率的情況，或多或少與現今科技進步及生產能力及生產效率大幅提升有關。由於現在科技不斷進步，要生產同一件產品（例如：一隻雞蛋），今天所需投入的資源一定比以前減少好多，成本可以持續下降。此外，自中國1978年改革開放40多年以來，中國大幅提升及增加工業生產產能，今日中國普遍出現產能過剩的情況，基本上今日中國生產商會減價搶訂單，而他們可能只賺幾個百份比的利潤。在這種情況下，即使經濟暢旺，對產品需求上升，產品價格亦不易大升，當通脹升不了，又如何大幅加息呢？

至於傳統經濟學，大多發源自100-200年前，當時由於科技落後，資源開採貧乏，生產能力及效率低，同樣生產一件產品，當年所需投入的資源及成本會較今天多。當經濟改善，需求上升，在產能不足及資源開採貧乏的情況下，產品價格很容易上升，以致刺激物價及通脹上升。

通脹及物價不包括投資產品

另一方面，在現今的經濟有大量不同的投資渠道，例如有股票、債券、外匯、房地產等任君選擇。在金融海嘯後，各大央行通過大印銀紙去救經濟，由於通過投資金融及房地產市場賺錢比投資實業更為容易，這些多出來的資金大多湧入股市、債市及房地產等，以致這些投資品的價格快速及大幅上升，而投資品價格上升未必會對物價構成上升的壓力，因為通脹及物價只包括日常衣食住行等消費開支，通脹及物價並不包括投資產品價格。

但是，根據主流的經濟學理論，今時今日各國中央銀行的貨幣政策是根據物價及通脹水平高低及升跌去釐定，而非投資產品及房地產價格。就算失業率跌到好低，只要通脹及物價不超過央行的既定水平，長遠而言央行不會大幅收緊貨幣政策及加息，甚至會維持利率於長期偏低的水平。

圖表4.2 美國政府國債金額（美元）（2009年8月至2019年8月）

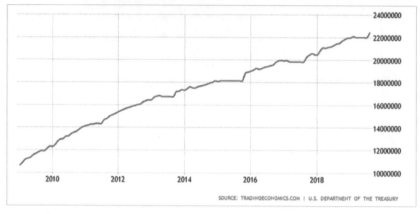

SOURCE: TRADINGECONOMICS.COM | U.S. DEPARTMENT OF THE TREASURY

資料來源：www.tradingeconomics.com

美國債務沉重

圖表4.2顯示由2009年8月至2019年8月這十年的美國政府國債金額。截至2009年8月，美國政府國債金額約10.5萬億美元。當去到2019年8月，美國政府國債金額大幅增加超過一倍至約22.5萬億美元。這顯示美國經歷2008年金融海嘯重大衝擊後，為救頻臨崩潰的經濟，美國除了減息及印銀紙外，還有大幅增加政府開支，導致國債金額急升。在這最近10年間所新增的美國政府國債金額，差不多是2009年之前過去60至70年所累積的國債。此外，外國傳媒報道，2018年美國聯儲局調查了1.2萬戶家庭，發現40%美國人難以在突如其來的情況下，拿出區區400美元（約3,120港元）應急，可能必須變賣一些資產或舉債，才能支付應急費用，這凸顯非常多美國人「冇錢剩」，這可能與債務沉重有關。在負債沉重的情況下，美國以長期而言會隨便加息嗎？

聯繫匯率下
QE如何影響樓市？

當各位讀者見到本文標題後可能會覺得答案好簡單，就是QE（量化寬鬆，俗稱印銀紙）令到外來資金湧入香港，外資沽美元買入港元，當市場沒有足夠港元供應，金管局就會以1美元兌7.75港元的匯率沽出港元買入美元，相當於金管局向市場注入港元，銀行體系結餘就會上升，這樣港元資金就會變得充裕，從而推低港元利率，就是這樣簡單，這就是資金流入港元。當

利率大幅下跌，例如在2011年期間，筆者印象中當時按息更低至H+0.7%（即實際按息大約為0.8-0.9厘的水平），基本上，低息是推升樓價的一個重要因素，相信應該無人會反對。

在2009年金融海嘯後，在歐美各國QE狂潮下，外來資金湧入香港的數量實在太龐大，市場根本沒可能有足夠港元沽盤去承接，在這情況下就只能由金管局以1美元兌7.75港元沽出大量港元並買入美元，市場的港元流動性及銀行體系結餘就會因此而大升。但是，無論點低息，銀行都要支付丁點兒存款利息給予存戶，那怕是年息0.01%，如果銀行體系結餘太多、太龐大，就算是0.01%超低水平的年息率，亦可以對銀行盈利及賺取息差構成壓力。此外，當銀行體系結餘太多，銀行會否為要將資金借出去而大幅減息？大幅減息會刺激借貸意欲，這又會否導致市民及經濟出現過度借貸的情況呢？

金管局故意扣起資金

有見及此，為應對量化寬鬆大量資金湧入港元，當資金兌成港元並流入銀行體系結餘後，金管局就馬上向銀行體系發行外匯基金票據去抽走過多的港元資金。根據圖表4.3，金色線（A）、淺色線（B）及深色線（A+B）分別顯示銀行體系結餘、未償還外匯基金票據及「銀行體系結餘＋未償還外匯基金票據」之總數。從2001年12月末起，未償還外匯基金票據之金額（B）由

最初的1,164億元持續上升至2008年12月末美國融海嘯爆發期間的1,636億元，升幅尚算溫和。同時，銀行體系結餘由2001年12月末的4億元升至2008年12末的1,580億元。

（註：這個未償還外匯基金票據及銀行體系結餘之金額會於金管局網頁每天公佈，但筆者為方便統計，只計算當月最後一個工作天之結餘金額。）

圖表4.3 港元貨幣基礎（2001年12月至2019年8月）

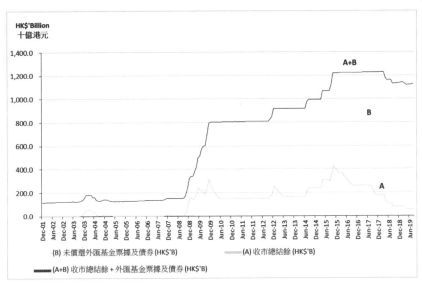

數據來源：金管局

但是隨著美國實施及加大量化寬鬆的力度，這個未償還外匯基金票據之金額（B）由2009年1月的1,810億元升至2018年2月歷史最高位的10,492億元，而銀行體系結餘更於2015年10月末升至高位的4,261億元。而將銀行體系結餘及未償還外匯基金票據之金額加起來（即A+B），這個（A+B）合計總數由2008年11月末的2,389億元升至2018年2月末的12,289億元的最高位，反映雖然大量資金不斷從外面流入香港及港元，但金管局為免太多資金湧入銀行體系，金管局持續發行外匯基金票據不斷抽走多餘資金，以免這些多餘的資金有機會通過銀行體系濫借出實體經濟（例如：買樓、炒股、甚至實業投資等）。

從圖表4.3看，筆者發現一個值得留意的現象，銀行體系結餘（A）由2015年10月末高位的4,261億元不斷大幅下跌至2019年8月的546億元，由於銀行體系結餘不斷下跌，銀根趨緊，同期的1個月HIBOR（普遍業主所用的供樓指標利率）由2015年10月末的0.21厘升至2019年8月末的1.94厘。可是，由2015年下半年起，未償還外匯基金票據之金額（B）卻由2015年7月末的7,543億元不斷上升至2019年8月的10,722億元，這正反映金管局仍然不斷從銀行體系抽走資金，導致HIBOR上升，某程度上看，今次港元利率上升其實是金管局人為製造而成的，並非資金真正大規模撤出香港所導致，因為截至2019年8月止將銀行體系結餘及未償還外匯基金票據之金額加起來（即A+B）仍有11,268億元，反映港元資金其實是非常充裕，只是金管局故意扣起這些資金不放出銀行體系而已。

大量資金停泊在港

美國自金融海嘯爆發，聯儲局於 2008 年 12 月將聯邦基金目標利率（Federal Funds Target Rate）降至 0-0.25%，並於 7 年後的 2015 年 12 月結束零息政策，將聯邦基金目標利率升至 0.25-0.5%，期後於 2018 年 12 月議息相關利率更升至 2.25-2.5% 的高位水平。其實自金融海嘯爆發後至今，港元資金水平根本一直保持非常充裕的狀況，儘管美國加息使到美息高於港息，但不知什麼原因，資金總是停留在港元及香港，不願流走。由於香港樓市熾熱，政府亦肯定想趁美國加息時，以及在不影響聯匯的情況下提高港元利息。於是乎，金管局持續通過發行外匯基金票據抽走銀行體系內的港元資金，使到港元利息上升，但同時由於仍有大量資金停泊在香港，為免刺激再有資金流入香港，港元利率即使上升亦不得高於美元利率，甚至要比美元利率低少少。

因此，在港元持續充裕的情況下，金管局通過發行外匯基金票據去控制銀行體系結餘去調升港元利率，而未償還外匯基金票據就好比一個儲水池，將多餘的資金儲起來，由於儲水池內的資金一直只是備而不用，亦不讓這些多餘資金通過銀行借貸走到去實體經濟，不讓其流通，他日這些外資要撤出香港時，確保香港有足夠的外匯去應付市場沽售港元。筆者認為，各位讀者有必要理解香港利率調整的操作辦法，表面上看好似是美國加息香港跟隨，但實際上其目的是不讓因 QE 而湧入香港的外資通過濫借進入實體經濟，以免這些外資在撤離香港時衝擊香港金融系統及經濟。

4.4

貨幣戰與
香港樓市

在筆者執筆寫本文之時，大約在2019年9月中左右，中美兩國正在打貿易戰，互徵關稅，實施限制高科技產品輸往中國等等。美國在2019年8月5日把中國列為匯率操縱國，儘管中國其實並未完全符合美方匯率操縱國的定義，但大家亦可能擔心貨幣戰會否就此開打。

香港是中國境內唯一一個國際金融中心，日均外匯金額排名全球第四，對中國有舉足輕重的作用，而且港元可自由兌換，資金可自由進出香港，這是好處，同時亦可以是壞處，因為可以自由出入，人家可以隨時對你發動攻擊，情況猶如1998年金融風暴期間，索羅斯等對沖基金沽空港元及港股等。在這段中美貿易戰打得火熱之際，大家可能會擔心香港會否被波及，甚至成為攻擊目標，筆者會在本文作出分析。

貨幣戰的多種打法

貨幣戰有多種打法，其中一種是通過干預手段貶值自己貨幣，簡單說就是貨幣鬥貶值，從而令到自己國家的貨品及服務在兌換成外幣後的價格，變得比其他國家吸引，東南亞國家受1997年金融風暴嚴重衝擊後，的確有用此招去救自己經濟，而當時中國維持其匯率穩定，沒有故意貶值人民幣，變相減輕東南亞國家的壓力。

至於，另一種貨幣戰的打法就更具侵略性，某些西方大國首先通過減息及量化寬鬆，使到外資熱錢大量湧入其他新興市場，從而大幅推低這些市場的資金成本及利息，市場利息下跌會誘使這些新興市場的投資者大幅增加投資（例如，投資房地產、起樓起寫字樓、擴充廠房/生意等），這些新興市場的投資者及生意人一般會比較進取，借錢可以好狠及好狼，甚至不考慮現金流及債務風險，他們認為最重要的是本少、利大、賺得快，在外資熱錢不斷湧入時，這些新興市場國家的經濟表現、收入及資產價格可以增長得很快。但是，這可能使他們不知不覺間會墮入過度借貸的陷阱，情況好似有毒販向道友提供廉價毒品般，讓這些國家習慣低息及寬鬆的環境，猶如道友染上毒癮一樣。

當新興市場國家的資產價格及借貸比率升至一個能持續及不合理地高的水平時，假如這些西方大國在此時突然收緊銀根及加息，新興市場國家的資產價格就會大跌，銀行就會馬上向借貸人催還貸款（俗稱Call Loans），由於投資是以超高借貸比率進行，這些新興國家的投資者根本沒有能力及足夠現金流去償還銀行貸款，以致銀行須要沒收借貸人抵押資產變賣套現去還錢，結果資產價格愈賣愈跌，導致愈多銀行要Call Loans，當愈來愈多借貸人沒錢向銀行償還貸款，這會令銀行體系資金變得枯竭，拆息因而急升，當資金外流，這些新興市場貨幣就會面對重大貶值壓力。

既然是貨幣戰，成件事怎會就此結束。在資產價格大跌及資金嚴重外流之前，其實很多有心人已經事先大量沽空這些新興市場的貨幣及股市，到股市大跌及貨幣大貶之時，再踩多腳及大賺一筆。上述這個故事正正就是1997年亞洲金融風暴的寫照，受影響的國家包括印尼、菲律賓、泰國、馬來西亞、南韓等等，可幸的是香港當年有豐厚的儲備及有中國在背後幫助，才可擊退大鱷及守住聯繫匯率。

香港吸取了教訓

看到這裡，心水清的讀者可能會發現，2008年金融海嘯後發生的事情與上述1997年亞洲金融風暴是非常相似。因為自2008年後，美國以零息政策及量化寬鬆去拯救其頻臨崩潰的經濟，由於美國經濟復蘇，於2015年12月開始加息，去到2018年12月議息聯邦基金目標利率更升至2.25-2.5%的高位水平。但是，各位讀者可能會發覺，美國今次加息週期好似沒有對這些新興市場國家的經濟帶來很大的衝擊，包括當年受1997年亞洲金融風暴影響的國家及香港都無受影響，主要原因這些新興市場國家及香港吸取過上次1997年過度借貸的教訓，嚴控借貸，以致這些國家可以順利過渡到美國今次加息週期而沒有重大動盪。

以香港為例，金管局多次推出及收緊按揭成數及壓力測試，推出正面信貸資料庫使到貸款申請人須向銀行披露目前所有借貸狀況，限制過度借貸的出現。同時，在量化寬鬆下，資金持續大量流入港元，但金管局通過發行外匯基金票據去抽走過剩流動性，以免這些過剩資金通過銀行體系濫借到實體經濟內。

美國不能大幅扯高利率

此外，自美國總統奧巴馬於2009年1月上台至2017年1月任期完結，美國國債由約10萬億美元，八年時間翻了整整一倍至約20萬億美元，去到2019年8月止，已升至約22.5萬億美元，圖表4.4顯示美國國債／美國GDP之比率，過去幾十年來，由1980年代低位的30-40%，升至近年的106%。在債台高築的今天，美國可以將利息加到上天，使到所有資金從世界其他地方回流美國嗎？美國自2018年12月加息至2.25-2.5%後，之後已「頂唔順」便開始減息，至2019年9月議息已減息至1.75-2%。老實說，自2008年金海嘯起，中國已借下大量美元貸款，若然美國可以將聯邦基金目標利率大加至5%甚至更高，相信中國貸款人都未必可以「頂得順」，甚至可能出現大規模的違約潮，但問題係美國自己本身都債台高築，美國自己都可以不理一切而大幅扯高利率嗎？

圖表4.4 美國國債/美國GDP之比率（%）

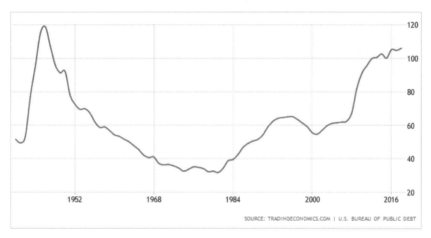

SOURCE: TRADINGECONOMICS.COM | U.S. BUREAU OF PUBLIC DEBT

筆者認為，某些大國要出甚麼手段對付你，老實說你是不會知
道及控制不了，唯一可以做的是就是先做好自己，嚴控借貸，
管控好自己風險，為他人的衝擊預先製造緩衝區去應對。筆者
相信，只要每個人做好自己的工作及崗位，甚麼困難都應該可
以應對。

4.5

鋤弱扶強的
按揭政策

近年來，樓價持續廳升，上車難好像已成為社會大眾的普遍共識。但以筆者理解，部份有意置業的人士其實並非供不起樓，他們只是拿不出4-5成首期出來，主要原因與金管局多次收緊按揭貸款及按揭保險之成數有關（按揭收緊措施詳情可參閱圖表1.10及圖表1.14）。各位讀者試想想，樓價不斷上升，但按揭貸款成數卻不斷收緊，首期金額門檻則會大大提升，就算人工增長不錯，其實都好難追趕不斷上升的首期門檻。

筆者認為，樓價去到今天的高水平，肯定不能單單只靠高人工水平及工資增長去推動，其實現在樓市成交很大程度上是靠已累積的財富去推動。讓筆者舉一個例子說明，A先生年薪120萬元，持有250萬元的儲蓄，以今天的標準來說，相信A先生都算是年青有為。但是，在同樣買一個1,000萬元以上的單位時，這位A先生一定會輸給一個年薪60萬元、甚至只有好少儲蓄、但卻有父母資助逾500萬元首期的B先生，主要原因是A先生手上沒有逾500萬元首期，而金管局的按揭政策是以物業的總價而釐定（即是物業銀碼愈大，按揭成數卻愈低）。

貧富差距拉闊

如筆者前文所說，香港經濟基本因素不錯，低負債及穩定的收入增長，再加上公、私營住宅處於頗為嚴峻的供不應求，租金持續上升基本上是毫無懸念。當B先生因父母資助能夠上車，他不單可以省卻持續上升的租金支出，由於市場租金不斷上升，租金上升會推動樓價續升，在低息環境下，供樓支出大半為償還本金，B先生作為有樓者，隨著時間過去則會愈來愈富有。

反之，由於A先生沒有上車，只能租樓，由於租金猶如潑出去的水一般，無得收返，再加上因私樓短缺，租金支出持續上升，A先生要年復年去捱貴租，置業的希望便會愈來愈渺茫。時間一長，「有樓」與「無樓」之間的貧富差距就會拉闊，這樣會

使到置業的天秤只會傾向於擁有資產的家庭及其下一代身上，現行的按揭政策變相造成鋤弱扶強的效果。

加按資助子女上車個案不多

很多人認為，父母資助子女首期上車，要通過加按父母現有物業去撲首期。首先，根據現時規定，在不經壓測下以資產計的按揭，最多累計只借到物業估值4成，其實根本借得不多，即是說，你有市值100資產，將其抵押借40元貸款，借款比例其實不高，況且又不是將40元貸款借花掉，而是用來買資產。此外，筆者當然不能完全排除有父母通過加按資助子女首期上車，但是，根據第一章圖表1.16，供滿樓比率由2001年的48.5%，期後不斷上升至2006年的52.2%、2011年的60.1%及2016年的65.7%，反映父母通過加按資助子女首期上車的個案根本不多。倘若今日大部買家的首期是通過父母加按去幫子女撲首期，供滿樓比率相反是會不斷下跌的。因此，就算聽到有不少個案是父母資助子女上車，亦不見得父母要去到加按現有物業為子女撲首期的地步。

如筆者前文所述，現在約三分之二業主已供滿樓，新批按揭時業主普遍能支付超過5成首期，再加上金管局實施加3厘的壓力測試，基本上今日能入場的買家必定是強者及起碼擁有一定的防守能力，試問在這種情況下樓市是何其健康！

4.6

辣招無法解決
基本問題

多年來，樓價持續上升，為應對過熱的樓市，政府先後推出多輪需求管理措施，包括額外印花稅（2010年11月及2012年10月）、買家印花稅（2012年10月）、雙倍從價印花稅（2013年2月），以及15%新住宅印花稅（2016年11月）等等，政府聲稱這些措施旨在防止物業市場進一步升溫，以免對本地宏觀經濟和金融體系的穩定造成重大風險。儘管政府多次出招嘗試為樓市降溫，但是調控效果卻未如理想，樓價依舊持續上升。如筆者前文所述，香港住宅市場的大升市背後存在以下幾個基本因素：

樓市真相——傳媒政府不告訴你的事

205

供應不足

根據筆者之前談及空置率之文章，現有住宅單位數量供應不足，空置率低，尤其小型單位。其次，政府土儲不多，無法提供足夠土地建屋以滿足需求。在持續供不應求下，樓價如何不升？

量化寬鬆及超低息環境

2008年環球爆發金融海嘯，隨後多國進行量化寬鬆（QE）救市，導致大量熱錢湧入房地產市場。此外，大印銀紙推低利息水平，刺激買家入市。

香港經濟基本因素不錯

香港樓市及經濟不錯，不但沒有過度借貸，甚至處於低借貸水平，整體處於高財富水平。此外，由於新供應量低，要推升樓價不需很多買家，只需收入動力最高的人負擔就可以。根據第二章圖表2.15元及2.16顯示，高收入的納稅人及家庭住戶的增長幅度是最快，且大幅跑贏整體平均增長水平。

簡單而言，近幾年香港樓市上升的主因是供應不足、低息環境及不錯的經濟情況所致。然後，筆者就想再問幾個問題：

問題 1：

上述措施有沒有直接增加供應，以應對市民對住屋的強大剛性需求、甚至投資需求？

問題 2：

辣招稅有沒有直接應對低息環境（例如加息）？

問題 3：

出招有沒有使到大部份低收入的市民之競爭力及收入增加，從而使到這批市民能與目前高收入人士競爭有限的住宅單位？

理順樓市方法只有增加供應

如果上述三條問題都是否的話，理順樓市的方法只有一個，就是增加供應。而這些所謂需求管理措施，根本沒有就樓價上升的真正因素作出針對性的解決。今日出招阻止市民入市，市民不買樓自住的話，便要轉去租屋住，可選擇的空間其實不多。

所謂需求管理措施只不過將高樓價的問題轉移至高租金的問題，政府可以透過扭曲需求及扭曲單位處置方法的手段去「震散」樓價，但這些措施卻「震唔散」租金，因為今天可供隨時使用的空置單位其實不多，尤其細單位的供應更為緊張。在僧多粥少的情況下，租金長遠應是看升，租金上升間接為樓價上升提供動力。

看到這裏，筆者認為目前政府的調控招數是不能有效地解決市民居住及高樓價的問題。歸根究底，問題是十分簡單，樓價上升的主要原因就是供應不足，辣招或者其他行政措施只能拖延樓市升勢，好讓政府爭取時間去覓地以增加供應。但政府在增加供應方面，卻好像「冇咩貨交」，到處碰壁，包括有環保、地區人士提出反對填海、開墾郊區用地、提高地積比率等，這倒使人有點擔心，樓價無可避免地再因供應不足而上升。

辣招調控
效力大不如前

筆者前文從宏觀角度分析,為何政府多來推出一系列需求管理
措施仍無法有效調控樓市。簡單而言,樓價上升的基本因素為
供應不足、經濟狀況不錯、低負債且高財富水平、低息環境、
境外需求等等。但政府這些辣招稅根本沒有針對樓價上升的基
本因素,辣招稅只能勉強拖延樓市升勢,好讓政府爭取時間去
覓地增供應等等。但是,經過多次提高辣招稅後,其實已經好

辣，為何辣招稅的調控效力已大不如前，原理好簡單，向死屍開槍，死屍可以死多一次嗎？

在本篇文章，筆者會簡略地分析各項辣招如何影響樓市：

額外印花稅（Special Stamp Duty，SSD）

任何以個人或公司名義取得住宅物業，並在取得後36個月內將其轉售，按不同的物業持有期繳付SSD，6個月內出售，稅率為20%，超過6個月到12個月為15%，超過12個月到36個月為10%。過去，SSD如何鎖死二手盤源供應及流通，由於盤源收窄，反會有助支持樓價。很多人士評論過，因此筆者不會詳細重複多說。

根據土地註冊處網頁，2016年、2017年及2018年住宅買賣合約數目分別為54,701宗、61,591宗及57,247宗。由於受SSD所限，理論上業主們未必有太大誘因去出售這3年內買入的單位。以截至2018年12月末止全港私宅數量有約119.4萬伙單位計算，3年SSD預計會鎖緊約17.4萬伙單位，佔私宅總存量約14.6%。

在目前低空置、未來低供應、業主低負債水平、低利率的情況下，筆者相信絕大部二手業主會傾向及有能力囤積不賣。況且很多業主並非今天才買樓自住及投資，若以其歷史成本計算，

現時享有的租金回報（自住及收租）遠高於市價約2.8-3厘的租金回報，繼續持有物業只會比賣出更化算。賣出單位後，如何處置資金都是可以相當頭痛，老實說，並非所有人適合將這些資金投入股市及債券內。同時，若自住業主賣出其自住單位，往後持續上升的高昂租金支出便是賣出自住物業後的成本。從圖表4.5的多年數據顯示，SSD繳納的宗數其實好少，即反映差不多所有買家買入物業後，起碼會持有物業3年以上，以免須繳納SSD。

圖表4.5 2012-2018年SSD繳納宗數

	住宅買賣合約數目	SSD繳納宗數	所佔百分比
2012年	81,333宗	1,755宗	2.16%
2013年	50,676宗	1,478宗	2.92%
2014年	63,807宗	571宗	0.89%
2015年	55,991宗	648宗	1.16%
2016年	54,701宗	520宗	0.95%
2017年	61,591宗	560宗	0.91%
2018年	57,247宗	511宗	0.89%

資料來源：土地註冊處、稅務局

買家印花稅（Buyer Stamp Duty，BSD）

自2012年10月27日起，非香港永久居民及所有公司購買香港住宅，需繳付15%的買家印花稅。自2016年11月5日起政府再加辣，除繳付15%的買家印花稅外，非香港永久居民及所有公司買家還須額外繳納15%劃一從價印花稅，合共須繳30%

稅。BSD主要打擊對象為非香港永久居民（尤其大陸客）及公司買家。

近年來，傳媒經常報導大陸客為推高樓價的其中主要原因。究竟實情是否這樣？這倒是一個值得研究的課題。中原地產研究部於2007年第一季起，以成交金額及宗數計算，去統計內地個人買家於一手、二手及整體市場所佔之比率。由於CCL只反映二手市場主要屋苑之價格走勢，為了避免錯誤進行 "apple-to-orange" 的分析，筆者只會將內地個人買家於二手市場所佔之比率與期間的CCL走趨，再加入當時影響樓市的事情，從而進行分析及比較。

圖表4.6為內地個人二手買家所佔的比例與CCL的趨勢圖表，覆蓋時期由2007年第一季至2013年第二季，合共26個季度。圖表4.6內，各條線顯示如下：

・灰色線為CCL（左軸）；

・金色線為按金額計，內地個人二手買家所佔的比例（右軸）；

・深色線為按成交宗數計，內地個人二手買家所佔的比例（右軸）；

從圖表4.6，我們得出以下發現及結果：

「按金額計」比例高於「按成交宗數計」比例

自有關內地客數據開始被統計以來,「按金額計」的內地個人二手買家所佔比例一直高於「按成交宗數計」的比例。這代表內地買家人數較少,但卻佔較高的成交金額。舉例說,2011年第四季,內地買家佔二手成交宗數為10.1%,但有關二手成交金額卻佔15.2%,即表示內地買家買入物業的價值較本地人為高。

圖表4.6 內地個人二手買家所佔的比例與CCL的趨勢圖表
2007年第一季至2013年第二季

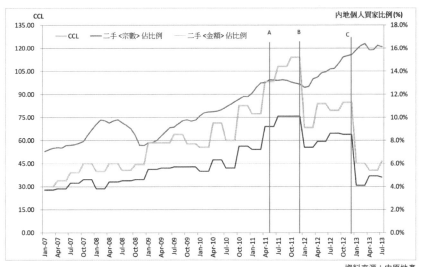

資料來源:中原地產

2007年3月至2011年6月（圖表4.6內"A"之前的時段）

在這段時間內，內地個人二手買家所佔的比例與CCL都是同步上升。按成交金額計，內地個人二手買家的比例由2007年第一季的約4%升至2011年第二季的13.1%。雖然有關比率期內大幅上升，但內地買家仍只佔整體成交的小部份。

2011年6月至2011年12月（圖表4.6內"A-B"的時段）

由於樓價持續上升，政府於2011年6月末推出壓力測試及收緊按揭貸成數，措施可參閱圖表1.10及1.14.。CCL由2011年6月末（圖表4.6內"A"）的99點輾轉下跌至2012年1月末（圖表4.6內"B"）的94.47點。其中，有一點是好有趣的，此段時間CCL的表現是比較呆滯地下跌，但是，內地個人二手買家所佔的比例（按金額計）反而不斷上升，半年間由10%反覆上升至15%。這很大程度上，反映國內人好似不能托得起該段期間的樓價，儘管大陸客入市的比例大幅增加，二手樓價仍然錄得輕微下跌。

2011年12月至2012年10月（圖表4.6內"B-C"的時段）

CCL由2012年1月末（圖表4.6內"B"）的94.47點，急速上升至2012年10月末（圖表4.6內"C"）BSD公佈前的114.35點，9個月內CCL上升21%，主要原因與銀行於2012年初逐漸調低按揭利率有關。但是，內地個人二手買家所佔的比例（按金額計）由2011年第四季高位的15.2%下跌至2012年第三季的10.6%，這好可能與當時人民幣暫緩升值有關。期間樓價上升，但國內人的入市比例卻下跌，反映本地購買力才是樓價上升的主要原因。

2012年10月之後（圖表4.6內"C"之後的時段）

2012年10月末（圖表4.6內"C"），政府宣佈向境外買家徵收15%BSD，國內人的入市比例隨後急速下跌約一半至5.9%，但CCL卻由2012年10月末（圖表4.6內"C"）的114.35點再急速升至2013年3月末的123.01點。BSD實施後，CCL半年內上升7.6%，但國內人的入市比例卻大幅下跌一半。這是另一不能否定的鐵證，去證明樓價上升的動力是來自本地的購買力。

總結而言，為何BSD無效去冷卻樓市，答案十分清楚，因為樓價上升的主要原因是本地強勁的購買力。不過，BSD也有另一作用，就是用來平息民憤，以及讓普羅市民知道本地人有強勁的需求及現有供應不足。不過，BSD對調控樓價是毫無任何實質作用。

圖表4.7 2015-2018年住宅買賣合約數目與BSD繳納宗數比較

	住宅買賣合約數目	BSD繳納宗數（註1）	所佔百分比
2015年	55,991宗	2,600宗	4.65%
2016年	54,701宗	2,448宗	4.48%
2017年	61,591宗	3,823宗	6.21%
2018年	57,247宗	3,529宗	6.16%

資料來源：土地註冊處、稅務局

住宅雙倍印花稅（Double Stamp Duty, DSD）

DSD適用於在簽署「買賣協議」時並「已經擁有」其他香港住宅物業的香港永久居民，由2013年2月23月起生效，當香港永久居民經已擁有住宅物業時，再買另外的住宅物業時，就須要支付多一倍從價印花稅。期後在2016年11月5日起政府再加辣，當買家在簽署「買賣協議」時並「已經擁有」其他香港住宅物業，稅率劃一提高至15%，首置或換樓人士可豁免，新稅率只適用住宅物業。

DSD於2013年2月末宣佈實施，當時CCL約121-122點。去到2016年11月初，再加辣至劃一15%，這時CCL約144-145點。在加辣之後，在2019年6月30日CCL曾升至最高的190.48點。從上述DSD的實施及加辣時間與CCL比較，DSD或其15%稅率的加強版都無法有效冷卻樓市，主要原因是辣招根本沒有應對過增加供應，以滿足市場需求。

圖表 4.8 2016–2018 年 DSD 繳納宗數

	住宅買賣合約數目	DSD宗數 <A>	BSD宗數 <B>	港人買多伙的 DSD宗數 <A-B>	DSD退稅 宗數 <C>
2016年	54,701宗	15,914宗	1,610宗	13,466宗	1,610宗
2017年	61,591宗	8,096宗	3,823宗	4,273宗	1,830宗
2018年	57,247宗	7,152宗	3,529宗	3,623宗	1,632宗

資料來源：土地註冊處、稅務局

圖表4.8顯示2016-2018年的DSD繳納宗數，由於非香港永久居民及公司客買住宅都要繳納DSD（不管簽約時是否經已有物業），因此，要知道港人買多伙的DSD繳納宗數<A-B>，就必須將DSD宗數<A>減去BSD宗數<B>。此外，如屬換樓個案，可向稅局申請DSD退稅<C>。

在2016年，港人買多伙的DSD宗數為13,466宗，另有換樓DSD的退稅宗數為1,610宗，反映絕大部份是因為港人為買多間而繳納DSD，因換樓而退DSD的宗數只有1,610宗，反映當時因換樓退DSD的個案是屬於少數。

自2016年11月5日起，由DSD加辣至劃一15%，港人因買多伙而繳納的宗數由2016年的13,466宗，大幅下跌至2017年的4,273宗及2018年的3,623宗。但同時，因換樓退DSD的宗數則穩定維持在2017年的1,830宗及2018年的1,632宗，與2016年比較沒有太大變動。而且，DSD退稅宗數<C>佔港人買多伙的DSD宗數<A-B>約4成左右。

第 五 章

知道真相後的
部署：上車、
持貨、再投資

5.1

未上車
應盡早上車

筆者在之前的文章大致上已完成分析香港樓市目前的基本因素，香港整體三分二業主已滿樓，就算在現價高水平入市的買家平均可以支付5成多首期（即是只借物業估值約4成多），以 Loan-to-Fair Value 去計，整體業主借貸水平非常低，絕對沒有過度借貸出現。此外，由於有加3厘壓力測試，按揭貸款人必須要做足夠的收入才可獲批按揭，供樓負擔比率約34-35%，

按揭逾期還款及拖欠比率極低約0.01-0.02%，樓市目前的狀況是非常健康，起碼沒有任何泡沫爆破的風險。另一方面，樓市現正處於供不應求的狀況，未來幾年私樓落成量會有斷崖式下跌，政府手上亦沒有足夠的土地儲備。綜合而言，長線剛性需求可以繼續撐起樓價。

先升值再換樓

首先，長遠樓價因剛性需求及供不應求而睇升，而且香港業主負債水平極低，具極強的資產負債表及防守能力去抵禦逆境，筆者認為，讀者們不要寄望今天樓價能如1997-2003年般暴跌6-7成，這種因樓價大跌而出現財富大轉移的機會（Economic Reset）很難在今天低負債的狀況下出現。儘管現時按揭政策其實是傾斜於有資產的人及家庭，但筆者仍建議有能力的人士應把握機會盡早上車，如果閣下認為樓價高可以唔買樓投資收租，但最起碼一定要有一伙自住單位，方能自保，只要上到車，就能可以把握升值的機會。

舉一個例子，筆者在2014年叫一位朋友上車，朋友心儀一個700萬元的三房單位，但奈何他首期只能負擔500萬元的單位，筆者勸他不要心頭太高，應該按自己負擔能力先上車，是否自己心水區域不太重要，反而最重要的是先買入等升值再賺一轉，等自己層樓升上去，再加上每個月供樓及持續償還本金，

而且過去幾年細價樓升幅快過中價樓，之後就可以一步一步慢慢換樓換上去，俗語有云「早買早享受，遲買貴幾舊」，但可惜筆者朋友當時沒有考慮筆者建議，期後樓價續升，繼而錯過上車的機會。

沒有樓睇非關鍵

同時，如果有買二手樓經驗的朋友都知，其實現在二手屋苑盤源頗為緊絀，很多時候可供選擇的單位不會有太多，很多時候心水單位要不是沒有放盤，就是連租約沒有樓睇，老實說，現在要買樓，就算有錢，買得成都是要靠彩數，更重要是要懂得取捨。

筆者可以分享一下自己於2018年初換樓的經驗，當時筆者打算買入800-900實呎港島大型屋苑3房套及工人套單位，當時由西半山睇樓睇到杏花村，預算1,700-1,800萬元，但突然收到相熟經紀來電話有荀盤，筆者查證後亦認為該盤較市樓平放7-8%，但業主說有租客居住及沒有樓睇，由於業主初放盤在平日，沒有太多買家競爭，筆者查看該單位查冊及銀行估價、自行馬上到管理處了解該單位樓上及樓下有沒有漏水投訴、是否凶宅等等，其實有沒有樓睇已非關鍵，因為筆者已知道單位間隔及座向等，由於賣家已平放盤，筆者為免得失賣家，亦沒有「飛禽大咬」般去還價，只是隨意傾少少價便算，基本上三個小

時內已與賣家傾好成交價及即晚簽約，最後筆者以低於1,400萬元購入這市場普遍放盤約1,500多萬元的單位。

儘管這個屋苑不是筆者心目中最鐘意的屋苑，但由於當時市況開始趨熱，出面其他業主經常封盤及臨時加價，筆者權衡輕重後認為都係先買下這個筍盤，雖然這屋苑不是筆者最鐘意，但起碼說單位是低水且可以多賺一浸，他日升值賺錢後想換樓的話可以之後再換樓。因此，筆者建議不要準上車人士有時候不要太揀擇，要懂得在現有放盤中取捨。

5.2

業主可繼續持貨
再投資

對於已上車的業主們，恭喜你們，這幾年大家持有的物業升值已獲利甚豐，跟著下一步應該要怎麼做？筆者認為，業主們要做的事其實是十分簡單，就是「Buy and Hold」，不管什麼事，只要繼續持有即可，千萬不要「手多多」隨便輕易沽售手上物業，同時不要像炒股般先高價沽、後低位買回物業，這些短炒估摸頂的行為過去多年令到好多人下了車後無法再上返車。總之，業主要做的事，就是繼續持貨即可。

租金升勢支撐樓價

大家試想下，如果一個物業可產生的租金持續上升，其資產價格不斷上升是合理不過的事情，在這情況下，只要專心一意地持有物業即可，不要理會其他事情。在金融海嘯後，儘管香港經濟經歷過歐債危機、A股借貸爆煲及暴力救市、自由行放緩、甚至美中貿易戰等，但私樓租金仍能保持反覆上升的趨勢（圖表5.1）。根據圖表5.2，私樓租金在2019年2月見底後回升，就算2019年6月至8月發生反修例運動衝擊香港社會，但在此

情況下，2019年6至8月私樓租金指數仍然繼續上升，反映市底仍不算太弱，即使樓價因社會事件而輕微下跌。

筆者一直認為，租金「冇得炒」，租金是租戶用家與放租業主商議好的結果，一個是有真實需求的用家，另一個是租盤的供應者，如果租盤少且租客多，租金上升是好合理，租金走向是最能反映私宅市場真實的供求情況，因為租金「冇得炒」。因此，筆者認為，當租金在此動盪時期仍能上升，反映樓市市底其實並不弱，業主要做的是什麼都不要做，繼續坐貨即可。當然，筆者意見僅供參考，各位讀者務必要獨立分析及思考去處理資產配置的問題。

圖表5.1 差估署私人住宅租金指數（1999年1月至2019年8月）

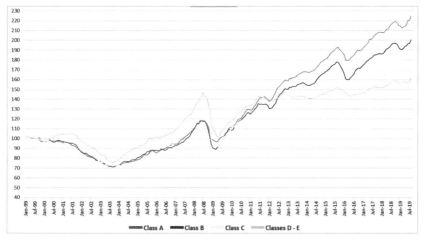

（分A類、B類、C類及D-E類）

圖表5.2 差估署私人住宅售價及租金指數
（2018年8月至2019年8月）

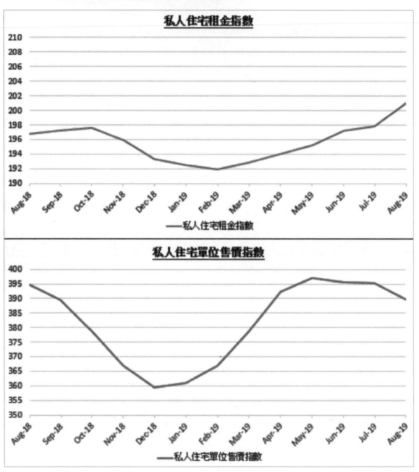

加按套現再投資

當過去幾年樓價升幅甚大，但其實好多業主可能未必有試過加按套現，以致借貸比率（Loan-to-Fair Value %）變得好低，各位讀者有沒有考慮通過加按套現去進行再投資（Re-investment），老實說，在眾多辛辣的按揭收緊措施下，業主就算借到盡最多還可以借得幾多成，再加上壓力測試及正面信貸資等等，其實金管局有大量措施，大幅去限制業主借貸不可能超過其還款能力。既然人地已幫你把關，何不考慮加按套現再投資呢？再加上市場按揭利率只是處於約 2.3－2.5 厘的低水平，不要忘記，現在每次轉按至不同銀行及加按，銀行及按揭中介還可以提供合共約有 2% 貸款額作為轉按回贈，再加上按揭貸款有 Mortgage-link Deposit 功能，就算資金暫無特別用途時亦可放入 Mortgage-link 戶口內賺息，以等待投資機會來臨，而存款利率已足夠應付按揭貸款利率（市面一般的 Mortgage-link Deposits 提供高息的存款部份最多不高於貸款額的 50%，詳情各位讀者請自行向銀行查詢）。無論如何，筆者每兩年過完罰息期必定會做加按及轉按。

買多層樓門檻高

加按後，其實再投資的對象不多，一個選擇是再投資買樓，二就是投資金融資產（例如：股票、債券、衍生工具等）。筆者先講講再投資買樓，由於香港缺地、經濟及樓市市底仍然不錯，

長遠計租金及樓價總體會保持持續上升的趨勢，再投資買樓表面上應是「冇得輸」、甚至是「穩賺」的項目，但前提是投資者能長線持有物業，或者是鬥長命死揸物業。但是，樓價過去多年大升，政府多次為辣招加辣，現在香港業主想再買多間收租，必須繳付15%印花稅，15%印花稅差不多等同五年租金（當中仍未扣除按息支出、差餉管理費費用、甚至物業稅等支出），未見官先打三十大板，除非是樓市硬好友，否則好難接受為買樓而繳付15%印花稅。或者，有人會用子女親友等人頭去代持物業，以免支付15%印花稅，但可能涉及信任及其他代持的法律問題及爭議。就算可以用人頭去解決15%印花稅等硬支出，人頭未必有足夠收入過壓力測試，如果要「背後」業主做擔保又涉及超過一個按揭，銀行又會借少1成，再買多層樓閒閒地隨時要有5-6成首期係手，其實入場門檻要求很高，並非人人可負擔得起。儘管如此，筆者有好多朋友仍然好堅持繼續投資磚頭，其中一個原因他們對股票及債券等金融產品存有非常大的戒心，尤其與經歷金融海嘯後金融資產價格大幅波動有關。

金融資產回報較高

至於，如果打算投資金融資產如股票或債券，投資者必須要對這些金融產品、宏觀經濟及金融市場大氣候有一定認識及了解，最起碼都要略懂閱讀財務報表，並非很多人有這種認知、閱歷及眼界。而且金融資產價格波動幅度遠比物業大，在心理

上，並非人人可以承擔這種大幅度的價格波動。看到這裡，各位讀者會問為何仍要投資金融資產？筆者認為主要原因如下：

1. 股票股息回報（Dividend Yield）普遍而言比私人住宅租金回報（Rental Yield）高，私宅租金回報今時今日只有約3厘或更低，當中仍未扣除差管費用、維修費用、按息及物業稅等支出。相反，部份高息藍籌股目前隨時都有5－6厘，而買股票收息不用交稅、不用支付什麼差管費用及維修費用等支出，投資金融資產的收息淨回報一定遠高於買樓收租。

2. 在私人銀行以金融資產作抵押借貸進行投資，這些以金融資產作抵押的借貸與物業按揭貸款比較，物業按揭貸款須要每月償還本金及利息。但在私銀以金融資產作抵押的借貸，其實可以只還息不用償還本金，這樣以借貸投資金融資產所產生的現金流，一定會比用按揭貸款投資收租物業為高。

3. 在私人銀行以金融資產作抵押借貸進行投資，不用經過什麼加息3厘的壓力測試，不用如樓按般須要做高僱傭工作收入證明才可借貸的規定，只要有足夠資產水平即可。

4. 現在投資物業，最多只可借物業估值5成，如借貸人有超過一個按揭，借貸又扣1成，只能借4成，物業借貸借得少，又多規例限制。反而在私銀借貸，如果投資組合夠分散，很多BB Credit Rating債券最多可借5-7成，藍籌股普遍最多借7成，私銀金融資產借貸較樓按相對寬鬆，不過，由於金融資產價

格波幅較大，通常不會借到盡，必須預留足夠Buffer為資產價格波動作緩衝。

5. 由於金融資產之Yield比物業Rental Yield為高，加上金融資產有較高的借貸比率，撇除資產升值外，用金融資產收息之Return on Capital一定比借錢買樓收租為高，因為金融資產可借成數較高，而兩者的借貸利息卻差不多。

老實說，香港是一個國際金融中心，衣食住行等生活成本一定高昂，單靠工作收入，其實並不容易應付生活開支，尤其要組織家庭及當家庭提供優質生活。筆者認為要為將來生活作保障，必須要盡早規劃好家庭財務計劃及被動收入安排。而在下一篇，筆者會講一講自己如何將物業及金融資產結合的投資經驗。

筆者的
投資心法

如上文所說，香港是一個國際金融中心，衣食住行等生活成本一定貴，單靠工作收入，其實並不容易應付生活開支。就算有高薪厚職，你估份工一定可以做到退休？人到中年近40幾歲，人工高再加上經驗太老到，被裁員的風險其實不低，這種不確定性或多或少已包括在高層的人工內。為應付這種收入的不確定性，筆者認為有必要為自己製造適當的被動收入及現金流。筆者會在下文向大家分享自己如何將物業及金融資產結合製造現金流的投資經驗。

筆者運用借貸的方法

筆者如香港很多人一樣，財富源自早年買樓，由於過去樓價升幅甚巨，以致物業Loan-to-Fair Value變得好低，於是筆者將物業加按套現的資金放入私銀內，然後再以槓桿投資落債與股票收息。同時，以物業加按套現有一好處，因為加按可以有很長的還款年期及低息，一般情況下，投資股票及債券收回來的利息收入一定足夠有餘去支付包含本金及利息的每月按揭供款。

看到這裡，各位讀者可能會問，這樣槓上槓會否很危險？首先，筆者加按套現，並不是借錢用作消費（例如：一晚豪花幾十萬元在婚禮上），而是用作購買資產，購入資產後，你的總資產是會增加。舉一個例子，A先生持有一物業值100元，按揭欠款20元，Loan-to-Fair Value Ratio為20%（20元/100元），後來加按30元並買入30元領展股票，這樣Loan-to-Fair Value Ratio上升至38.5%（50元/130元），老實說，當你持有資產130元，尚欠貸款50元，這水平的借貸水平其實是不高。由於資產價格（包括物業及股票）可升可跌，如果資產價格升，Loan-to-Fair Value Ratio下跌，反之亦然。

釐定適合借貸水平

根據筆者及太太目前的工作收入狀況不錯，再加上持有股票及債券每個月都能產生固定的現金流（情況猶如每個月出糧一樣），筆者認為物業及金融資產合計的Loan-to-Fair Value Ratio維持在45-50%是適合自己的，而這個Loan-to-Fair Value Ratio的適合水平是因人而異，例如筆者有些已退休的朋友認為30% Loan-to-Fair Value Ratio才適合他們，因為他認為自己由於已經沒有工作收入，借貸上不應太進取。因此，這個Loan-to-Fair Value Ratio沒有一個固定標準，適合的借貸水平好視乎個人的風險取態、償債能力及承受價格波動的心理狀況等等而制定。

借什麼貨幣

當釐定好適合的借貸水平後，筆者就要制定如何借貸，即是究竟要借什麼貨幣的貸款，各位讀者可能會覺得奇怪的問不是應該借港元嗎？其實在私人銀行借貸除了港元貸款外，還可以借其他貨幣貸款（例如：美元、日元、瑞士法郎、新加坡元、歐元等）。而借外幣貸款的主要三個原因：

原因一：

借外幣貸款的原因是進行外匯對沖，例如，筆者是有投資新加坡元直債及股票，由於筆者的主要功能貨幣為港元，當筆者投資25萬新加坡元債券，新加坡元兌港元的匯率波動會導致該債券投資出現匯兌虧損或者收益，為免匯率波動，筆者會於私銀提取25萬新加坡元貸款去購買這25萬新加坡元債券，由於持有25萬新加坡元債券資產，同時欠25萬新加坡元貸款，這樣就可以做到外滙對沖，但當然扣除借貸利後仍有息差賺才會投資這債券。

原因二：

不同貨幣貸款有不同貸款利率，例如，港元利率約2.5-3%，新加坡元約2.5-2.6%，歐元/日元/瑞士法郎約0.8-1%，筆者有部份貸款是日元及歐元貸款，但筆者卻沒有日元及歐元計價的投資，借日元及歐元之目的就是要「慳息」。

原因三：

就是想通過沽某貨幣去賺取滙價。筆者於2018年4月因應美國加息而沽歐元，當時筆者借45萬歐元貸款並於EUR1:HKD9.5兌換成港元，去償還427.5萬港元貸款。目前歐元貶值兌EUR1:HKD8.6，這筆45萬歐元貸款，已貶值至387萬港元，由於歐元貸款兌港元貶值，即是說，筆者在這交易中已賺了40萬港元。

筆者的股票投資

至於筆者怎樣揀選股票，基本上與坊間的股評人及投資導師有頗大差別，筆者從來不信一步置富，只相信財富是一步一步慢慢累積。筆者從不會因短暫政策、高漲的市場氣氛及小道消息而追貨及炒賣，不做頻密交易，絕大部份的股票是長期持有收息及有入無出，除非股票長期基本因素出現重大變差，否則都不會沽出股票。如果股票的利潤及派息穩定及有增長，但股價可能因大市氣氛差而下跌，筆者會持續地分段買入並長期持有，不會因短期價格波動而止蝕，筆者堅信如果基本面良好，股價總有一日會升返上去。

要有長期持有的耐性

例如，領展於2015年初由52-53元跌至第三季約40左右，筆者在40-44元時買入該股並持有至今，買入均價約42.65元，這段期間筆者收了八次半年股息合共9.5554元，執筆之時為2019年10月初，領展股價約86元左右。筆者當年在入市之時曾大力叫朋友買入，但很多朋友卻於約50元、60元、70元已沽清，可惜他們未能與筆者持有領展至今，從上述例子可以知道，股票要賺大錢，除了要揀中股票外，還必須要有長期持有的決心及耐性，而筆者很多大戶朋友由10 - 20元起不斷買入領展並持有今。

其次，筆者投資股票首要目標是財富保存及收息製造現金流為主，而因應自己的投資取態而訂下以下揀股標準：

1.公司的營運、利潤及派息要長期保持穩定，起碼過去多年公司都能做到上述穩定的要求，業務要有一定規模及護城河，盡量避開業務週期性大及波動性大的股票，就算管理層、報紙及投行這一刻怎樣吹到幾勁都好，筆者都不為所動，正如謂「路遙知馬力，日久見人心」。

2.公司要願意通過派息與股東分享利潤，以及長期能維持穩定的派息政策及派息比率，筆者不太喜歡一年派多但下一年突然派少的股票，正如黃國英曾在報紙講過，香港股市有太多好似我們這些不思進取的收息客，以致港股好難如美股般炒得起，哈哈哈。

3.市值及流通高的股票的股票，因為私銀可以為這些股票提供高Lending Value或Collateral Value（例如，最高7成借貸）。不過，就算私銀提供70% Lending Value，亦千萬不可以借到盡，因為股價一跌銀行就會馬上要求客戶補差價。

4.筆者投資的股票投資，除領展每年能做到7-9%派息增長外，其他股票的股息增長長期穩定在3-4%左右，不會太多，但通過長期持有製造滾雪球效應及複息效應去將回報放大。

筆者的債券投資

坊間的投資導師及書籍甚少提及債券投資，主要原因某些債券由於條款結構複雜，只會開放供予專業投資者買賣，而個人專業投資者起碼要有800萬元資產。其次，一般香港流通的美元直債，一張入場費約美元20萬元，入場門檻高，所以較少散戶投資。以下是關於筆者一些投資債券的心得：

一般人普遍認為，無論債券發行公司業績做得怎樣好，投資債券反正只會收到固定的利息回報，只要債券發行公司在到期日有錢償還本金及贖回債券便可。但是，筆者認為這樣的說法並不全面及完全正確，大家試想想，如果債券發行公司業績良好，信貸基本因素改善及信貸評級獲調升，債券價格隨之會上升，Yield to Maturity 或者 Yield to Worst 會下跌，反之亦然。債券價格上升，你可以考慮沽出債券賺取差價，或者是繼續持有，由於信貸基本因素改善，投資者可以更安心地繼續持有。所以，投資債券其實同投資股票一樣，必須要定期留意業績、公告及公司發展，並不是可以甚麼也不理。

每張債券條款不一

很多人認為，投資債券比投資股票穩陣，價格波動較股票低，甚至是保本的。筆者認為，在信貸質素沒有重大變差的情況

下，債券價格一定比股票穩定。但是，假若出現「疑似」較重大信貸事件，債券價格隨時可跌2-3成。如果市場確認信貸條件大幅變差但又尚未出現違約，債價可能已經跌5-6成。如未能支付債息及還款等違約事件，債價可以跌7-8成以上，這是2018年中美貿易戰及美國加息時的情況。其次，投資債券絕對無可能是保本的，那怕是投資高投資評級的債券。

不同債券有很多不同的條款，而每張債券的條款可以是不一樣，而投資前必須要睇清楚這些條款。例如，Change of Control Put即是代表假若債券發行公司之控股股權出現重大變動，債券發行公司須以指定價格提早贖回債券。Cessation Put即代表債券發行公司其股票在股票交易所停牌超過某幾天，就必須要以指定價格提早贖回債券。Issuer Call，某些債券設有讓債券發行公司在某些時間，可以向債券持有人以某指定價格提早贖回債券，如果這個條款，投資者必須要特別留意及看清楚，以及在投資前必須要衡量債券被提早贖回的機會。例如，債券發行公司如果現在發行新債券再融資的利息成本，是遠低於現存債券的Coupon Interest，債券發行公司提出提早贖回的機會便可能會較高，又或者債券發行公司持有大量閒置資金，為節省利息支出，可能有較大機會提早贖回債券。筆者有朋友試過購入債券後兩星期便被債券發行公司提早贖回債券，結果持有很一個多月便被Called，一個多月收的利息根本無法抵銷購入債券時所支付的佣金成本及溢價。投資債券前，投資者必須要看清楚相關債券的發行條款。

最好選擇上市公司債券

投資債券，最好是選擇由上市公司發行的債券，原因有兩個，一是上市公司須按上市條例定期發佈業績及重要的事項，上市公司透明度遠高於非上市公司發行的債券。其次，股價表現某程度上可以提供一些公司業務表現的參考，如股價持續上升，或多或少債券投資者可以安心繼續持有該債券。如果股價下跌，債券投資者應該要留意下原因，以及考慮這些原因會否重大地影響信貸質素。

基本上，如果在相同的信貸評級及信貸質素下，不同債券的 Bond Yields 都不會有太大差別，在這個情況下，投資者必須盡量分散投資債券，切忌過度集中投資某一間公司的債券。

投資方法無既定標準 切忌盲跟

由於筆者會將自己及太太每個月來自主動收入及被動收入的現金流用作償還貸款，去將購買力儲起，直至等到資產價格回調及下跌，筆者才會透過私人銀行Draw Loans分段去買股票及債券。如果資產價格貴，筆者寧可將收到的現金流去償還貸款以降低利息支出，將購買力儲起，也不胡亂買貴貨。不過，筆者亦有朋友將收回來的股息及債息以平均買入法進行再投資，投資方法因人而異，沒有一套既定標準。

筆者在上述的段落大概已披露筆者的金融資產的投資方法及理念，經過多年的實踐，這是適合筆者的投資策略。但是，適合筆者的方法是否適合讀者自己，務必要獨立思考及分析，切勿盲目跟隨。

Wealth 111

真相 樓市
傳媒政府不告訴你的事

作者	PP
出版經理	Sherry Lui
責任編輯	Acid Luk
書籍設計	Kathy Pun
相片提供	Getty Images

出版	天窗出版社有限公司 Enrich Publishing Ltd.
發行	天窗出版社有限公司 Enrich Publishing Ltd. 香港九龍觀塘鴻圖道78號17樓A室
電話	(852)2793 5678
傳真	(852)2793 5030
網址	www.enrichculture.com
電郵	info@enrichculture.com
出版日期	2019年12月初版
承印	嘉昱有限公司 九龍新蒲崗大有街26-28號天虹大廈7字樓
紙品供應	興泰行洋紙有限公司
定價	港幣 $138　新台幣 $580
國際書號	978-988-8599-34-9
圖書分類	(1)工商管理　(2)投資理財

支持環保　此書紙張經無氯漂白及以北歐再生林木纖維製造，並採用環保油墨